MEMOIRE,
SUR LA REPARATION
DES CHEMINS.

AVERTISSEMENT.

Ces fortes de Memoires ne peuvent se perfectionner, que par les observations de differentes personnes ; ainsi mon dessein est de faire imprimer quelques Copies de celui-ci, & de les distribuer à ceux qui voudront bien m'aider de leurs lumieres.

PREFACE.

Occasion de cet Ouvrage.

LES incommodités que l'on soufre dans les mauvais Chemins, obligent quelquefois les Voyageurs à penser aux moyens de faire cesser cette misére commune, mais les peines du Voyage étant passees, d'au-

A

tres objeᶜts viennent ocuper l'efprit, & l'afaire du Public demeure negligée. J'entendois quelquefois avec chagrin que les Chemins des Bourgs & même des Villages de Hollande, font la plufpart pavés, & que c'étoit une des fources de la richeffe du Païs; mais comme cette incommodité ne fe fait prefque jamais fentir ny au Roy, ny à fes Miniftres, & que perfonne n'a jufqu'ici aprofondi de quelle utilité feroient à l'Etat des Chemins commodes, je ne fuis pas furpris que nous n'ayons point encore vû en France ce qui eft executé depuis long-tems dans cette Republique.

J'étois dans cette penfée, & je ne fongeois comme tout le monde qu'à éviter les voyages d'Hyver, lorfque des afaires de famille m'obligerent en 1706. à fortir de Paris & à me metre en chemin malgré moi fur la fin de l'Automne pour aller en baffe-Normandie. Je verfai, ma Chaife rompit; un autre jour mes Chevaux embourbez, il falut refter dans les bouës & à la pluye, jufque bien avant dans la nuit. Tout cela me confirma plus que jamais dans la refolution de ne plus voyager pendant cette faifon. Je compris bien que cette refolution devoit aporter un préjudice notable à mes afaires, mais il me fembloit que la partie du revenu qui fert à fe racheter des grandes peines, n'eft pas la plus mal employée, & je trouvois qu'il valoit encore mieux foufrir cette perte de revenu, que de m'expofer à de pareils accidens, mais cela me fit faire en même-tems une reflexion qui eft devenuë la principale caufe de cet Ouvrage.

Je penfai que ce qui fe paffoit alors dans mon efprit, fe paffoit a peu-prés & à proportion dans l'efprit de la plufpart des autres François, & que prenant tous une pareille refolution, il fe devoit faire annuellement dans

l'Etat une perte prodigieuſe à cauſe du nombre prodigieux des perdans; qu'ainſi le Roy pouvoit peut-eſtre regarder cette afaire, non pas ſeulement comme une grande peine dont il pouvoit delivrer ſes ſujets, mais ecnore
comme un dommage immenſe qu'il pourroit leur épargner.

Or comme j'eus un peu plus de loiſir à Saint-Pierre - Egliſe, que je n'en ai d'ordinaire à Paris & à Verſailles, & que l'afaire du Public me tenoit alors fort au
cœur, je me mis à examiner ſerieuſement & de ſuite, ſi
c'étoit une choſe réellement impoſſible de voir en France des Chemins commodes & praticables en Hyver; s'il
faloit autre choſe de la part du Roi qu'un bon Reglement; ſi ce qu'il en couteroit à chaque Generalité pour
les Ponts & pour les Chauſſées, & à chaque particulier
pour reparer chacun *en droit ſoi*, n'étoit point une avance
trop conſiderable; en un mot ſi la depenſe ſeroit plus forte que le profit; car il faut conter pour mal neceſſaire,
celui où l'on ne voit point de remedes, qui ne ſoient pi-
res que le mal même.

Je fis donc travailler aux Chemins de mon voiſinage
à mes dépens, & aux dépens de quelques Riverains ou
Bordiers des Chemins, afin d'aprendre par moi - même
ce qui ſufiroit pour reparer les mauvais Chemins, & en
quoi conſiſte la depenſe de ces reparations: J'en eus diverſes conferences avec les meilleurs eſprits de mon voiſinage qui avoient fait travailler: J'ecrivis ſur cela diverſes
obſervations: Je les ai peu à peu augmentées: J'ai tiré
pluſieurs lumieres de la lecture des Ordonnances & des
Auteurs qui ont traité de cette matiere, & je croi que
quoique l'ouvrage puiſſe être beaucoup perfectionné, il
ne laiſſe pas de ſe trouver preſentement en état d'être

montré aux connoisseurs.

Dans la premiere partie j'espere montrer avec l'éviden-
ce du calcul que la reparation & l'entretien des Chemins
font d'une utilité incomparablement plus grande pour l'E-
tat que l'on ne s'étoit jusqu'à-present imaginé. Dans la seconde je ferai quelques reflexions generales sur les moyens
les plus faciles de reparer les Chemins, sur-tout en Normandie, en Picardie, en Guyenne, & dans les autres
Provinces, où le soin des Chemins n'est point commis
aux Oficiers de la Province comme il est en Languedoc.
Et dans la troisiéme je proposerai un projet de reglement
capable de nous procurer un si grand avantage.

PREMIERE PARTIE

IMPORTANCE DE LA REPARATION

des Chemins.

CHAPITRE PREMIER.

Chemins de France plus sujets à Reparation.

LA Mer fait la moitié des Frontieres de la France,
les vents de Sud passent par-dessus la Mediterran-
née, les vents d'Oüest passent par-dessus l'Ocean ; ainsi il est necessaire qu'ils aportent avec eux des nuages
pleins d'eau, & comme ces vents regnent en France plus
de dix mois de l'année, il est impossible qu'ils n'y ren-

dent en même-tems le climat pluvieux & le terroir a-
bondant, mais la pluye qui cause l'abondance, gâte les
Chemins qui sont cependant les canaux du commerce par où doit couler cette abondance ; aussi c'est dans
les Provinces les plus abondantes & les plus peuplées, telle qu'est la Normandie, qu'il faut plus d'atention à reparer les Chemins.

CHAPITRE II.

Vuë generale sur l'Importance des Chemins.

Deux choses sont tres - importantes au commerce 1º.
La commodité. 2º. La seureté des Chemins : sans Chemins point de commerce : l'autorité du Roi, la vigilance
du Lieutenant de Police à Paris, & de quelques Intendans
dans les Provinces ont pourvû *presque* sufisamment à la
seureté ; mais cette autorité & cette vigilance ne se font
pas encore étenduës jusqu'à la commodité & à la facilité des Chemins : l'Etat en soufre, & il est visible que le
commerce augmentera, à proportion que les Chemins
seront rendus commodes, & qu'il diminuëra tous les jours
de plus en plus à proportion qu'on negligera de les mettre & de les entretenir en bonne reparation.

Si les Chemins étoient bien reparés, il en naîtroit
trois sources considerables de profit.

1º. Un tres grand nombre de personnes feroient un
tiers plus de voyages tres-utiles pendant la saison des
mauvais Chemins, sur tout dans les Provinces Septen-
trionales de France qui sont les plus fertiles.

2º. Il se feroit un tiers plus de marchés ou d'échanges,

c'eſt-à-dire que les marchandiſes paſſeroient par un tiers
plus de mains, & cette diference ſeroit au moins d'un ſixiéme de profit de plus ſur le total.

3°. On épargneroit la ſixiéme partie de la depenſe des
voitures; par exemple, ce qu'on ne voiture qu'avec ſix
Chevaux & deux hommes, pendant ſix mois de l'année,
ſe voitureroit ſouvent avec quatre Chevaux & un hommes, on iroit un quart plus loin, les Charettes & les
Chevaux porteroient un fardeau plus peſant d'une ſixiéme partie.

CHAPITRE III.

Premiere Source de profit.

Un tiers plus de Voyages utiles.

A l'égard de la premiere Source de profit, il eſt certain que la plûpart des gens riches & à leur aiſe qui ſont
dans les Villes, que la plûpart des veuves qui ſont chargées des afaires de leur famille, ne marchent point, ou
preſque point en Hyver, c'eſt-à-dire pendant plus de la
moitié de l'année à cauſe des mauvais Chemins, & que
ces mêmes perſonnes iroient & viendroient ſouvent pendant ces ſix mois à leurs terres ou de Ville en Ville pour
leurs afaires, ſi elles y pouvoient aler commodément &
promptement en Carroſſe, ou en Chaize, ſans augmenter le nombre de leurs Chevaux; cependant combien de
perte cela leur cauſe-t-il, ils manquent à vendre & a acheter à propos, leurs denrées déperiſſent, les reparations dou-
blent & triplent faute d'y doner ordre à tems, les ter-

res demeurent quelque tems incultes faute de prendre le tems propre pour affermer. Les hayes, les arbres fruitiers ne font point plantés : les beftiaux pour paître l'herbe ne font point achetés affés-tôt, des ouvriers demeurent fans emploi, ou ne font employés qu'à-demi ; fi les autres perfonnes moins riches marchent l'Hyver, ils font tous beaucoup moins de voyages à caufe des mauvais Chemins. Or il eft evident que toutes ces chofes & beaucoup d'autres, font en pure perte pour les particuliers & pour l'Etat, & que leur prodigieufe multitude caufe une perte prodigieufe pour le Royaume, on ne fauroit eftimer moins cette perte que d'un milion par an pour la Normandie, qui n'eft que la dixiéme partie du Royaume, & par confequent c'eft plus de dix millions de perte par an pour l'Etat.

CHAPITRE IV.

Seconde Source de profit.

Un tiers plus d'Echanges.

On fçait qu'en Holande les Marchandifes s'echangent beaucoup plus fouvent, & paffent par beaucoup plus de mains qu'en France, les ventes, les achats, toutes fortes de marchés font des efpeces d'Echanges, dans tout Echange les deux parties y gagnent, ou croyent y gagner, car fans le gain mutuel, foit réel, foit aparent, nul Echange, nul marché ne fe feroit. Il y a des Echanges où l'un trompe, & où l'autre eft trompé; mais fi l'un gagne autant que l'autre perd, ces Echanges ne font ni nuifibles, ni avantageux à l'Etat, pourvû que celui qui trompe ne foit point etranger ; il y en a où l'un gagne plus que l'autre ne perd ; il y en a où tous les deux font un gain réel, foit égal, foit inégal ; ces deux dernieres fortes de marchés qui font les plus communs, font fort utiles aux particuliers, & enrichiffent l'Etat qui eft compofé de ces particuliers.

Un Bourgeois de Paris par exemple, a une Terre auprés de Cherbourg qui ne lui vaut que 2000. liv. de rente, année commune, tous frais faits, parce qu'il en eft éloigné de près de quatre-vingt lieuës. Un Bourgeois de Cherbourg en a une auprés de Paris, qui par la même raifon de l'eloignement ne lui vaut non plus que 2000. liv. ils font échange, chacun fait dans fa nouvelle terre des augmentations ; l'un defféche un marefcage, l'autre retablit un moulin ; l'un plante une vigne, l'autre plante des pommiers ; l'un met en pré ce qui étoit en labeur ; l'autre met en labeur ce qui étoit en bois, chacun d'eux s'épargne des voyages, chacun d'eux tire de fa Terre des denrées pour la confommation de fa maifon, chacun fait des reparations à tems, vend & achete à tems, s'il ne trouve point de Fermiers, il eft à portée d'en faire valoir une partie par fes mains ; enfin chacun trouve que ces augmentations vont à plus d'un tiers.

Je ne parle point du profit qu'ils font tous deux demeurant fur les lieux, en affermant plus cher leurs terres au Fermier, & en evitant les banqueroutes par leurs prefence ; car quoique ce foient des pertes réelles pour chacun des Proprietaires ; on pouroit dire que le Fermier, que le Banqueroutier gagne, ce que le Proprietaire y perd, & qu'ainfi l'Etat n'y perd rien.

Il en fera à proportion de l'Echange que feroit le Bourgeois de Paris de fa Terre prés de Cherbourg, con-

tre une rente de 2000. liv. ſur l'Hôtel de Ville de Paris,
que lui donneroit le Bourgeois de Cherbourg ; car il y
gagneroit les peines des voyages, & le ſoin d'afermer,
mais il n'y gagneroit nulle augmentation de revenu, pour
le Bourgeois de Cherbourg il y gagneroit, en ce qu'il ſeroit
payé des ſoins qu'il prendroit à faire mieux valoir cette
Terre. Il eſt vray que le Bourgeois de Paris, de ſon côté pourroit employer ſon loiſir à quelqu'autre ocupation
equivalente aux ſoins utiles pour faire valoir une Terre,
& alors les deux contractans gagneroient au Contract.

Une terre que l'on ne peut faire valoir à cauſe de l'e-
loignement où faute d'argent, demeure inculte, & ne raporte rien, à moins que l'on ne la baille à un Fermier ;
ainſi à faire un bail ordinaire, le Proprietaire & le Fermier y gagnent tous deux, & plus les biens des particuliers ſont en valeur, plus le Royaume s'enrichit & devient floriſſant.

A l'egard des Echanges des choſes mobiliaires, il eſt
evident qu'il y a quantité de denrées neceſſaires à l'entretien & à l'agrément de la vie qu'il faut vendre à tems,
autrement elles depériſſent d'elles mêmes tandis qu'elles ſeroient conſomeés avec utilité par d'autres qui en ont beſoin. Ce vaiſſeau de Cherbourg porte à Bordeaux de la toile qui y eſt neceſſaire, & raporte du vin qui eſt neceſſaire
à Cherbourg. A cet Echange les deux Provinces y gagnent, la baſſe-Normandie a beſoin de vin qui abonde
en Guienne, la Guienne a beſoin de linge, qui abonde
en baſſe Normandie ; ainſi la Guienne fait valoir d'avantage le terroir de Normandie propre au lin, tandis que
la Normandie fait valoir d'avantage le terroir de Guienne propre au vin.

Celui dont la Terre eſt ennuyée de paître, vend ſes mou-

rons, il achete du blé pour femer la Terre qui lui rapor-
tera le double de ce qu'elle eût fait en patûrage ; celui dont
la Terre eft ennuiée de labourer, vend fon blé pour acheter des moutons qui feront plus valoir fa Terre en pâ-
turage, qu'elle n'eût valu labourée. Il fe fait ainfi un
Echange de blé contre des moutons par l'entremife de
la monnoye, où tous les deux profitent.

Il eft donc vifible que tout ce qui multiplie, que tout
ce qui facilite cette multitude prefqu'infinie d'Echanges
dans un Etat, l'enrichit beaucoup, & que tout ce qui
les diminue, tout ce qui en retarde confiderablement le
cours y caufe une perte confiderable; car enfin tout commerce n'eft qu'Echange, & l'unique fondement des grandes richeffes d'un Etat c'eft le grand commerce; or il eft
evident que les mauvais Chemins qu'on trouve pendant
plus de la moitié de l'année, empêchent les Marchands
d'aler, & les marchandifes d'être voiturées, que ces mauvais Chemins diminuent infiniment le nombre des Echanges ; le nombre des Contracts de vente, le nombre des
Baux & des autres actes volontaires, pour toutes les fortes d'Echanges.

Il y a en Normandie pour plus de 50. millions de re-
venus en fonds de terre, y compris les fonds de l'Eglife,
par ce revenu en fonds de terre, j'entens la vente qui fe
fait *de la premiere main* des fruits de la Terre, comme le
bled, le lin, la laine &c. car je ne conte point ici le profit des
2. & 3e. mains comme le profit des Marchands de bled, des
Boulangers, des Patiffiers, des Fileufes, des Tifferans,
des Marchands ou de toile ou de drap. Et ceux qui ont
etudié le commerce de cette Province, foûtiennent qu'il
y a pour plus de cinquante millions d'autre revenu en
manufactures & en autres profits, provenans des Echan-

ges de la feconde main, de la troifième main, de la quatriéme main. Or s'il y a pour cinquante millions de profit pour les particuliers en Echanges de la feconde, troi-
fiéme & quatriéme main , il y auroit au moins pour
deux millions cinq cens mille livres de plus, c'eft-à-dire plus qu'un vingtiéme d'augmentation, de commerce,
& de profit, fi les Chemins étoient à peu prés auffi commodes en Hyver qu'en Eté , & comme la Normandie
fait la dixiéme partie de la France , ce feroit de ce feul
article au moins vingt cinq millions de profit par an pour
tout le Royaume.

J'ajoûte en preuve un fait notoire. Dans ma Province
il y a tous les ans une Foire celebre à Caën quinze jours
aprés Pâques, qu'on apelle *la Foire franche*. Avant que M.
Foucaut Intendant de Caën , eût fait reparer le Chemin
de Caën à Lifieux. Les Marchands de Paris ne char-
geoient leurs fourgons qu'a-mi charge à caufe de ce Chemin , & ils avoient bien de la peine à s'en tirer , au lieu
qu'à-prefent ils viennent avec toute leur charge, & n'ont
nulle peine, mais auffi il faut rendre cette juftice à cet
Intendant, il lui a fallu furmonter bien des dificultés,
il a eu befoin d'une longue & conftante aplication pour
faire un ouvrage fi utile à la Province : mais aprés tout,
il ne durera pas tant que s'il y avoit feulement fept pied
de pavé, & l'on fait que le pavé même a befoin qu'on le
répare chaque Eté, & que l'on raporte de la terre en certains endroits où le pavé furmonte trop la terre du refte
du Chemin.

CHAPITRE V.

Troisiéme Source de profit.

Un sixiéme moins de depense. pour les Voitures.

Pour bien juger de l'importance de la troisiéme Source de profit, il est à propos de faire icy quelque sorte de suputation, aussi-bien la police n'est fondée que sur des suputations, & la bonne police sur les suputations les moins fautives, soit que l'esprit les fasse en gros, mais avec justesse, & c'est en cela particulierement qu'on remarque la diference de l'esprit juste, docile & sensé, d'avec les esprits vifs, opiniatres, & superficiels; soit que ces suputations se fassent en detail, & alors les mediocres esprits mêmes sont capables d'en juger.

Je dirai ici en passant qu'une des causes de ce qu'un homme d'esprit juge plus juste que d'autres gens d'esprit, c'est qu'il est indifferent sur ce qui doit naître de sa suputation, il ne se soucie que de voir le vrai quel qu'il soit, au lieu que ceux qui sont sujets à se tromper, commencent par desirer de trouver par leur suputation, plutôt une chose qu'une autre l'un desire uniquement de toucher le plus prés du but, ainsi il pese tous les *pour* & tous les *contre* avec une balance egale; les autres au contraire, desirant plus une chose qu'une autre, pesent les *pour* & les *contre* avec une balance fort inegale: mais revenons à nôtre sujet.

Je supose donc que chaque Intendant fasse la fonction de *Voyer General* dans son Intendance, qu'il y ait un

Voyer subordonné pour chaque Bailliage, Senéchauffée, ou Election, & un *Cheminier* ou Voyer particulier dans chaque petite Ville, & dans chaque Bourg ; Je fupofe que le Voyer de l'Election coûte 1000. liv. & le Cheminier 750. liv. en vacations, qui feront prifes fur les amendes des Chemins & fur quelqu'autre fonds.

Je done pour exemple le Bourg de Saint-Pierre-Eglife, il eft dans une prefqu'Ifle au Nord, à une lieuë eft la mer, vis-à-vis de l'Ifle de Wik en Angleterre, il a le Port de Cherbourg à trois lieuës au Couchant, il a Barfleur autre petit Port de mer, à deux lieuës & demie au Levant, il a Valognes au Sudouëft, à quatre lieuës, & Quetehou prés la Hougue fur la mer, à trois lieuës au Sud-eft ; ce font les quatre marchez des Villes & des Bourgs qui environnent Saint-Pierre.

Je fupofe que le Cheminier de Saint Pierre ait dans fon détroit environ la moitié du Chemin de Saint-Pierre, à chacun de ces quatre marchés, il aura environ dix-huit Parroiffes, tant petites que grandes, ce detroit ne fera ni le plus fort, ni le plus foible, ni le plus, ni le moins peuplé des onze Bourgs de l'Election de Valognes. Cette Election n'eft ni la plus forte, ni la plus foible, ni la plus, ni la moins peuplée des neuf Elections de la Generalité ; & la Generalité de Caën n'eft ni la plus forte, ni la plus foible, ni la plus, ni la moins peuplée des trois Generalités qui font en Normandie ; ainfi la fuputation que je vas faire, tiendra à peu prés le milieu entre le *fort* & le *foible.*

Il y a dans ces dix-huit Parroiffes environ fix cens trente Chevaux tant grands que petits, & foixante deux Charettes attelées de quatre Bœufs, & de deux Chevaux y compris les demi-charettes ou demi-harnois ; ces Che-

vaux & ces Charettes sont ocupés en partie au labourage, & en partie à charier le long de l'année du Sable
& du Vrec, sorte d'herbe qu'on tire de la mer pour en-
graisser les terres ; ces Chevaux ou Bœufs charient du
Bois, du Cidre, duBlé, du Foin, de la Paille, & voitu-
rent de marché à marché, de Bourg à Ville diverses mar-
chandises.

Il est evident que si les Chemins étoient beaux & à
peu prés aussi commodes en Hyver qu'en Eté, chaque
Cheval, chaque Charette charieroit au moins un sixiéme de plus, soit parce qu'on porteroit plus pesant, soit
parce qu'on iroit plus vîte, soit parce qu'un homme sufiroit à mener deux ou trois Chevaux, soit parce que ce
qui se charie à Chevaux, se charieroit à Charette, ainsi
ce seroit d'épargne pour ces dix-huit Parroisses, l'entretien par an de cent cinq Chevaux, & de cinquante &
deux hommes pour les mener de dix Charettes, & de
vingt hommes pour mener ces Charettes.

Or suposé que chaque Cheval, l'un portant l'autre
coûte par an en ce canton-là cinquante livres à nourrir,
à ferrer, à entretenir d'equipage, à refournir par achat,
c'est pour cent cinq Chevaux, cinq mille deux cents cinquante livres, suposé que chaque homme en gages & en
nourritures, coûte à bon marché quatre vingt livres par
an l'un portant l'autre, c'est à bon marché, quatre mille sept cents soixante livres pour cinquante deux hommes, suposant encore que les six animaux qui tirent chaque Charette, coûtent deux cens livres par an les six, &
que chacun des deux valets pour la conduire coûte quatre vingt livres par an, c'est trois mille cinq cens cinquante livres pour dix Charettes & vingt hommes ; ces trois
sommes épargnées font douze mille neuf cens soixante liv.

Le Cheminier ne coûtera que fept cents cinquante livres, & la cotte-part que devra le Bourg ou reffort de Saint-Pierre pour les mille livres de vacations du Voyer de l'E-lection, ira environ à la dixiéme partie de mille livres, c'eft-à-dire à cent livres, la depenfe des particuliers pour reparer les Chemins n'ira certainement pas à onze cents livres, année commune pour les dix-huit Parroiffes, vû les journées inutiles employées, & vû que dans trois ou quatre ans, des reparations tres-legeres fufiront dans la plûpart des Chemins.

Pour achever la fuputation, on peut fupofer avec fon-dement que dix mille francs par an fufiroient dans l'Elec-tion de Valogne, pour entretenir non-feulement les Ponts & les Chauffées de cette Election, foit celles qui ne font que de cailloutage, foit celles qui font pavées, mais en-core pour conftruire de nouveaux Ponts, & commencer de nouveaux pavez, enforte que peu à peu les endroits un peu importans fe trouveroient un jour tous pavez, & la depenfe de beaucoup de Bordiers ou anéantie, ou tres-diminuée.

Je fupofe que les dix-huit Parroiffes pour leur part de la levée de ces dix mille livres de l'Election, en payaf-fent la dixiéme partie, c'eft-à-dire mille livres, ces qua-tre fommes 750. liv. 100. liv. 1100. liv. & 1000. liv. fufi-fent pour la depenfe entiere que fera ce petit canton, pour avoir des Chemins auffi commodes en Hyver qu'en Eté, & montent à deux mille neuf cens cinquante livres par an, & comme il en retirera douze mille neuf cens cinquante livres, il reftera encore dix mille livres de pro-fit par an pour moins de trois mille livres d'avance ou de depenfe pour ces dix-huit Parroiffes. Or onze fois dix mille livres feroient cent dix mille livres de profit par

an aux onze Bourgs , ou petites Villes, ou aux 180
Parroiſſes de l'Election de Valogne , & cela pour environ
onze mille eſcus ou 33000. livres d'avance.

A ſuivre la même proportion le profit de la Generalité de Caën, compoſée de neuf Elections monteroit à neuf
cens quatte vingt dix mille livres tous frais faits pour
trois cens ſoixante & trois mille livres d'avance, & par
proportion le profit de la Generalité d'Alençon monteroit à plus de ſix cens dix mille livres, & celui de Roüen
à plus de quatorze cens mille livres, ce qui feroit plus
de trois millions de profit tout frais faits , pour la ſeule
Normandie , & par proportion plus de trente millions de
profit par an , outre l'avance qui monteroit environ à
neuf millions, cependant on ne conſidere ici qu'une des
trois ſources qui eſt l'epargne de la ſixiéme partie des
voitures , & ces voitures epargnées , ſeront utilement employées à augmenter le tranſport des marchandiſes & le
labourage.

La premiere Source produira donc au Royaume dix
millions de profit annuel. La ſeconde vingt cinq millions , & la troiſiéme trente neuf millions, y compris les
neuf millions d'avance, qui ont eſté deduits & precon-
tés ſur la troiſiéme Source, ainſi la reparation des Chemins produira de profit par an plus de ſoixante & quatorze millions pour moins de neuf millions de depenſe,
ainſi ces neuf millions de depenſe rendront au moins huit
pour cent , & cela dés l'Hyver qui ſuivra cette reparation.

L'Election de Valogne paye au Roi ou à l'Etat en
Tailles, Aides, Sel, Entrées, Papier, Contrôle, & autres impoſitions ordinaires , plus de quatre cens mille
francs, en Paix , & plus du double en tems de Guerre,

Uſtencile

Uſtencile, Capitation, Dixiéme, & autres ſubventions extraordinaires: or les dix mille livres feroient le quarantiéme ou ſix deniers par livre, & produiroient par an huit pour un, huit piſtoles pour une à chacun des impoſez.

Le Fermier qui fait l'avance de cinq cens livres pour faire valoir une Ferme à Bled, ne retire pas vingt pour cent de profit de ſon avance, j'en ay fait le calcul & la preuve avec des Laboureurs; & c'eſt cependant le plus grand profit qu'un Fermier faſſe année commune dans le train ordinaire, en riſquant meſme les mauvaiſes années, & ces riſques ne l'empêchent pourtant pas de faire cette avance meſme en temps de guerre où l'argent eſt le plus rare.

Je ſçay bien que ces ſortes de ſuputations ne peuvent jamais ſe faire avec une exactitude parfaite, parce qu'on ne peut preſque jamais eſtre informé aſſez exactement de tous les faits, qui feroient neceſſaires pour fonder un calcul parfaitement exact; mais les gens de bon eſprit, qui ſont un peu au fait des affaires de police, verront icy au travers des obſcuritez qui reſtent à éclaircir, un profit immenſe, que produiroit en France le bon état des chemins, & par conſéquent une perte prodigieuſe que l'on y fait.

Il y a une obſervation importante à faire ſur l'avantage qu'apporte la réparation des chemins, c'eſt que dans le profit que peut produire à l'Etat l'établiſſement de quelque nouvelle Manufacture, ou la nouvelle augmentation de quelque ancienne eſpece de Commerce; il y a toûjours à rabattre la perte qu'en ſouffre une autre ſorte de Manufacture par la diminution de ſon debit & de ſes Ouvriers; il en eſt de meſme d'une Province qui commence à s'enrichir en augmentant ſon Commerce, parce que d'autres Provinces voiſines en ſouffriront un peu de diminution dans le leur: or ce qu'elles en ſouffriront eſt à rabattre du profit qu'en reçoit l'Etat ; mais à l'égard du profit qu'apportera au Royaume la réparation des chemins, il est d'une espece si heureuse, que toutes les sortes de Commerces en augmenteront, & que toutes les Provinces partageront également entre elles ce grand avantage.

Je ne sçaurois quitter ce Chapitre sur l'Epargne des Voitures par terre, sans faire reflexion combien nous perdons tous les ans en France, faute de rendre plusieurs rivieres navigables, où elles ne le sont point, faute de faire des canaux navigables où il n'y en a point.

Un Cheval tire sur deux rouës un fardeau trois fois aussi pesant, que celuy qu'il porteroit sur un bast, de sorte que si deux Chevaux portent l'un un poids de deux cens livres, l'autre un poids de trois cens livres, ils tireront ensemble un poids de plus de quinze cens livres, outre le poids de la charete qui va encore presque à cinq cens livres ; si ces deux Chevaux tirent 2000. livres sur deux rouës, ils tireront encore plus facilement sur un canal, un bateau qui portera luy & sa charge, ving-deux fois autant, c'est-à-dire, quarantequatre mille livres ; de sorte que pour voiturer certaines denrées par charete le long d'une riviere navigable à certaine distance, il coûtoit vingt-deux mille francs, il n'en coûteroit que mille francs par bateau : il est vray qu'il y a plusieurs choses à rabattre sur cette épargne : 1. Les chemins par terre sont plus courts. 2°. Il y a beaucoup d'endroits en France, où il n'y a pas moyen de faire aucune navigation. 3 . Il en coûte plus pour un bateau que pour une charette. 4. Il en coûte plus pour nettoyer les rivieres & entretenir les portes & les éclufes que pour entretenir les chemins. 5. C'est une grande dépense à faire d'abord que de creuser des canaux, mais toutes ces choses déduites, cela n'empêche pas qu'il ne soit visible, que si l'épargne d'une sixiéme partie des Voitures, vaut au Royaume trente millions par an, il n'y eut pour toutes les Provinces beaucoup à gagner, & que l'on ne puiſſe croire que le fort portant le foible, il y auroit deux pour un de profit à multiplier la navigation interieure autant qu'elle pourroit l'eſtre.

CHAPITRE VI.

Autre conſideration.

Incommodiiez des Particuliers.

Il faut encore conter pour quelque choſe dans un grand Etat, les grandes incommoditez de ceux qui ſont obligez de voyager dans de mauvais chemins. Les caroſſes de Voiture ſont plus de jours en chemin ; ils arrivent ſouvent bien avant dans la nuit ; les Voyageurs ſouffrent plus longtemps le froid ; ils ont peur dix fois dans le jour de verſer, de ſe bleſſer, de demeurer en chemin ſur tout la nuit, les équipages ſe rompent, les chevaux s'eſtropient. C'eſt un accident fâcheux de verſer, il ſe caſſe des glaces, on ſe bleſſe ſouvent, & pluſieurs ſont morts de leurs bleſſures ; c'eſt même un grand mal que d'avoir à craindre dix fois en dix lieuës un pareil accident ; cependant que l'on ſonge, que ſi à ces dix endroits qui ſont dans l'eſpace de dix lieuës un homme avec ſon piq, oſtoit d'un coſté un demi pied de terre ou de cailloütage, en le jettant dans l'orniere oppoſée, il délivreroit les Voyageurs & du mal & de la crainte du verſement. Je mets en fait, que ces dix endroits ne coûteront point dix heures de travail, c'eſt-à-dire, huit ou dix fois au plus pour un an, & il y a tel de ces chemins où il paſſe un très-grand nombre de caroſſes par an, police d'autant plus défectueuſe, qu'il eſt aiſé d'y remedier par des *Cheminiers* appliquez aux petits détails des chemins.

Les incommoditez des ſujets qui voyagent, ſont des conſiderations très-dignes d'attention dans un état bien policé: car enfin la force & la richeſſe d'un Etat dépendent du grand nombre des habitans; le grand nombre des Habitans dépend d'un côté du grand nombre des commoditez qu'on y trouve, & qu'on ne trouve point ailleurs, & de l'autre, de ce qu'on y reſſent moins d'incommoditez que dans les Etats voiſins; d'ailleurs plus on voyage commodément dans un Royaume, plus il y a de Voyageurs Etrangers, qui ſont autant d'Habitans paſſagers, ainſi la diminution de ces incommoditez des Particuliers, peut paſſer pour une choſe très-utile à l'Etat.

CHAPITRE VII.

Derniere conſideration.

Les Poſtes & les Cabarets.

On ſçait de quelle commodité ſont les Poſtes, les Chaiſes des Poſtes, & les bons Cabarets; combien de perſonnes n'ont que cinq ou ſix jours à mettre à un voyage, qui n'en font point du tout, parce qu'ils ſeroient trop long-tems en chemin, trois choſes rendent ces Voitures cheres. 1. Les chevaux ſouffrent trop à courir dans les mauvais chemins. 2. Les mauvais chemins font qu'on ne peut mettre les Chaiſes ſur quatre rouës, ainſi le cheval du brancart & le cheval du poſtillon, portent & tirent en meſme-temps: or cela les ruine bien-tôt ; & d'ailleurs, il faut toûjours que l'un des deux foit dans l'orniere, autre caufe de leur ruine. 3°. Prefque perfonne ne voyage pendant les 6. mois de mauvais chemins, ainfi les chevaux des Maiftres de Pofte leur font à charge n'étant point employez, & il faut qu'ils fe récompenfent l'Eté de ce qu'ils perdent l'Hyver ; cependant quelle commodité perduë d'aller plus de la moitié plus vîte, de choifir les bons gîtes, & de n'avoir point de peur de ruiner fes chevaux : on peut dire, que fi les chemins étoient beaux, il ne coûteroit pas d'avantage alors à voyager en chaife de Pofte, qu'il en coûte prefentement pour voyager à cheval.

A l'égard des cabarets, n'eft-il pas vifible, que plus il y auroit de voyages l'Hyver, plus il y auroit de Voyageurs, ainfi il y auroit plus de Cabaretiers, & par confequent les cabarets deviendroient plus nombreux & meilleurs, ce qui invite un bien plus grand nombre de perfonnes riches à voyager, nouvelle caufe de l'augmentation du Commerce ; voilà affez de maux ; voilà affez de pertes confiderables & évidentes, pour exciter à chercher quelques remedes : je vais en indiquer quelques-uns en general dans le difcours fuivant.

SECONDE PARTIE.

REFLEXIONS GENERALES
fur les Moyens.

CHAPITRE PREMIER.

Chemin en Campagne.

LEs grands chemins paffent ou fur des terres ouvertes ou non-clofes, ou fur des terres qui font clofes, foit par des murs, foit par des foffez plantez.

La plûpart des grands chemins qui paffent par des terres non-clofes, ou font bons, ou feroient bons, fi les *Bordiers* Proprietaires ou Fermiers ne labouroient point trop près du chemin, & cela 1°. parce que les Voyageurs prenant aifément ou à droite ou à gauche, il fe fait peu d'ornieres, 2°. parce que les vents enlevent fort promptement l'eau de pluye des chemins qui font en rafe campagne, 3°. parce que les chemins n'étant point creufez, les eaux n'y prennent point leurs cours.

Je fçay bien qu'il y a des endroits marécageux, qui font toûjours mauvais, à moins qu'ils ne foient pavés ; mais alors les *Bordiers* ou *Riverains* de ces chemins, ne font pas tenus de faire feuls la dépenfe neceffaire pour rendre ces chemins commodes, c'eft une dépenfe qui regarde ou l'Election ou la Generalité, & qui ne les regarde qu'en tant qu'ils font par-

tie de l'Election;ils en font quittes pour laiffer au Voyageur
toute liberté de prendre dans leurs heritages ou plus à droite, ou plus à gauche, comme il luy plaira, comme ils ne
rendent pas le chemin plus mauvais par des clôtures,ils ne
doivent rien de plus pour le rendre bon,que ce que peuvent
devoir les autres Habitans qui n'en font point *Bordiers*; mais
les mauvais chemins dans les campagnes ou terres non-clofes, font en petit nombre en comparaifon des autres.

CHAPITRE II.

Chemin le long des terres clofes.

Réparation dûë par les Bordiers.

La plûpart des mauvais chemins de France paffent fur
des terres clofes à droite ou à gauche, foit par des foffez,
foit par des murailles, & les Proprietaires Bordiers de ces
chemins font toûjours tenus feuls de réparer & d'entretenir
ces chemins, auffi bons qu'ils feroient,fi eux ou leurs préde-
ceffeurs, dont ils repréfentent le droit, n'y avoient fait aucune clôture ny à droite ny à gauche, ou bien d'ôter ces
clôtures. C'eft le droit du Public envers les Particuliers.

Pour fe convaincre qu'ils font dans cette obligation, il
n'y a qu'à faire reflexion que le premier état des terres a efté
d'être ouvertes & non-clofes. Le Public étoit donc en
poffeffion des chemins, avant que les Particuliers euffent
fait ny hayes, ny foffez, ny murailles, ny autre forte de
clôture le long des chemins: car on ne peut pas fupofer
que les paffans ayent abatu ou des murailles, où des hayes
pour paffer, & pour faire un chemin où il n'y en avoit ja-

mais eu : A l'égard de la preſcription, le Particulier ne peut jamais preſcrire contre le Public pour une choſe, & dans un cas où l'on ne peut jamais ſupoſer que le Public ait cedé ou pû ceder ſon droit à ce Particulier, ou à ceux dont il a le droit. La preſcription n'a aucun lieu, quand on juſtifie l'uſurpation ; or ici la clôture eſt une uſurpation évidente à l'égard du Public, à moins que le Bordier ne rende le chemin auſſi commode qu'il ſeroit ſans clôture. Il eſt donc certain *que les Bordiers n'ont pû ny dû clore qu'à une condition tacite, qui eſt d'entretenir le chemin Public auſſi commode qu'il étoit avant la clôture, ou qu'il ſeroit s'il n'y avoit aucune clôture d'aucun côté.*

Ce principe eſt plein d'équité, & paroiſt tel meſme aux Proprietaires *Bordiers*, ſur tout lors qu'ils trouvent de mauvais chemins le long des heritages des autres. Or ce principe condane abſolument ces Bordiers ou à déclore, ou à rendre le chemin auſſi comode que s'il n'y avoit point de clôture, & ce principe prouve que chaque maiſon Bordiere d'une ruë, doit le pavé là où le pavé eſt jugé abſolument neceſſaire pour entretenir la ruë praticable.

CHAPITRE III.

Facilité pour réparer.

1º. J'ay trouvé que les Péiſans n'ont nulle peine à travailler, & qu'ils travaillent meſme volontiers devant leurs heritages, quand ils voyent leurs voiſins en faire autant, l'eſperance qu'ils ont de ne plus ſouffrir dans les mauvais chemins des autres, leur fait entreprendre avec plaiſir de rendre les leurs comodes.

2º. Quand

2°. Quand le pauvre manœuvre qui est *Bordier*, n'a pour s'acquiter envers le Public, qu'à employer trois ou quatre jours de son travail, à neteyer les rigoles du chemin, à détourner une ravine, il ne conte cela presque pour rien, de même le Laboureur *Bordier* qui a une charette, ne regarde pas comme une grande affaire d'employer trois ou quatre jours de sa charette à charier des pierres, pourvû qu'il puisse prendre des demi-journées des journées, dans le tems où il est le moins ocupé. Le Charetier aportera volontiers des pierres pour le Maneuvre, pourvû que le Maneuvre travaille aux rigoles pour le Charetier. Ils estiment peu leurs peines dont ils sont les maîtres, rien ne leur coûte que l'argent comptant à débourser, parce qu'ils en ont très-peu ; cependant avec ces travaux & ces charetées de pierres, que chacun ne conte presque pour rien, on va réparer sans murmure les trois quarts & demi des mauvais chemins du Royaume.

3°. Il est important d'observer que le Maneuvre, le Voiturier qui a un cheval, le Proprietaire, le Fermier qui a une ou deux charettes, trouve le long de l'année plusieurs demi journées & plusieurs journées sans ocupation : or en employant aux chemins ces demi-journées & ces journées inutiles, ils s'acquiteront sans qu'il leur en coûte rien d'une dette legitime envers l'Etat, & ne feront que donner pour un grand interest Public, un tems qui leur est inutile pour leur interest particulier.

4°. Il y a bien des chemin qu'il coûteroit peu à réparer, deux perches de mauvais chemin suffisent pour rendre une lieuë de chemin impraticable ; & qu'est-ce qu'il faudroit de pierres pour racomoder ces deux perches ?

5°. Si les chemins sont assez larges, ce ne seroit pas une grande dépense aux Proprietaires de faire chacun *en droit*

foy de petites rigoles le long du chemin, où les eaux s'é-
goutaffent, & par où elles puffent s'écouler : cependant
faute de cette atention, la terre s'imbibe à loifir, devient
marécageufe, & le chemin fe trouve plein de fange & de
trous dangereux, pour les Equipages & pour les Voituriers.

6o. Une ravine qu'on ne prend point foin de détourner
d'un chemin le rend impraticable, & avec quinze fols de
dépenfe on pourroit la détourner, & détournée elle en-
graifferoit mefme fouvent les champs où elle fe répan-
droit.

CHAPITRE IV.

Les Chemins fe répareront encore plus facilement dans la fuite.

Il ne faut pas s'attendre que la premiere année les très-
mauvais chemins foient entierement réparez. Tel Proprietaire ne pourra fouvent aporter cette anée que le tiers
des pierres neceffaires ; mais c'eft beaucoup d'eftre fûr
qu'en trois ans les plus mauvais chemins de France feront
réparez pour long-temps, & que vû la quantité de pierres
qui feront aportées, les réparations anuelles feront do-
renavant très-legeres, & que quantité d'affez mauvais chemins feront prefque auffi beaux en Hyver qu'en Eté.

CHAPITRE V.

Sortes de travaux aux dépens de l'Election.

Je fçai bien qu'il y a des travaux qui paffent le pouvoir &

le devoir des Bordiers tels font les ponts , les chauffées , la réparation des chemins dans les lieux où il n'y a point de pierres , les marécages , les ziguezagues , qu'on peut mettre en ufage pour monter & defcendre facilement les hauteurs ; alors c'eft à l'Election & mefme à la Generalité à en faire la dépence. Le Roy peut mefme dans la paix y employer très-utilement de l'Infanterie , des Dragons , des Ingenieurs ; mais ces travaux font en petite quantité en comparaifon du refte qui eft preffant, neceffaire, & qui peut fe faire prefentement.

CHAPITRE VI.

Défauts de Reglemens fur les Chemins.

Il n'y a perfonne qui ne convienne de l'importance & du befoin preffant de ces réparations ; mais les obftacles qui fe prefentent dans l'execution des Reglemens anciens rebutent les Intendans, c'eft que ces Reglemens n'ont pas toute la perfection qui leur eft neceffaire ; & c'eft cette perfection qui fait le fujet de cette recherche. Il manque quelque chofe d'important à un Reglement , quand il n'indique pas à chacun tout ce qu'il doit, & fur tout quand il ne s'execute pas comme de luy-même.

Autrefois chez les Romains , les Ediles avoient l'Intendance des chemins ; chez nous les Lieutenans des Comtes, les Vicomtes anciens eftoient Voyers , enfuite les Vicomtes modernes eurent la Jurifdiction des chemins , comme une dépendance du Domaine Royal. Henry II. donna cette Jurifdiction aux Elûs en 1552. Henry III. la donna aux Officiers des Eaux & Forefts. Henry IV. créa un grand

Voyer de France en 1599. Ce fut Maximilien de Bethune Duc de Suilly fon premier Miniftre. Le Roy expliqua les fonctions de cette Charge en 1606. Mais ce fut en vain, ni le Reglement ne fuffifoit, ni l'Officier n'eftoit en pouvoir de le faire executer, faute d'Officiers Subalternes abfolument neceffaires pour le détail; & faute d'avoir par ces Reglemens *fuffifamment* intereffé les Officiers à l'execution. Loüis XIII. crut que dans chaque Generalité les Treforiers de France feroient quelque chofe de plus, ainfi en 1626. il les chargea fonctions de la Voyerie; il étendit leur pouvoir en 1627. & en 1635. mais ils negligerent de s'en acquiter : on ne leur donnoit point affez de Reglemens, & on ne les intereffoit des point affez à les faire executer, ainfi les Vicomtes reprirent connoiffance d'une affaire abandonnée, ils rendoient quelques Ordonnances de temps en temps, mais la plûpart demeuroient fans execution. Enfin, le Roy rendit aux Treforiers de France cette Jurifdiction en 1694. à l'exclufion des Vicomtes, ils nommerent mefme dans chaque Election un Subdelegué, non pour faire réparer les chemins, il n'a pas le pouvoir de rien ordonner ; mais pour les avertir quand d'autres Juges fe mêlent d'ordonner quelque chofe fur cette matiere. Auffi ni les chemins Royaux, ni les grands chemins, ni les chemins de traverfe ne fe font point reffentis de cet Edit ; & à dire la verité, cette atribution eftoit bien moins une vûë du bien public, qu'un prétexte pour faire financer le Corps des Treforiers de France. Nos Vicomtes refidoient à la verité fur les lieux; mais ils avoient d'ailleurs beaucoup d'autres affaires, & celle-là feule peut occuper un homme entier. D'ailleurs il leur faloit plufieurs Commis ou Voyers Particuliers dans chaque Bourg pour faire le détail, & ils n'en avoient point. Le Reglement n'y avoit pas pourvû.

Les Treforiers de France ont fait quelques Ordonnances, mais leurs Ordonnances font inutiles au Public faute
d'execution. 1°. Ils ne veulent pas defobliger les Seigneurs
Particuliers qui font Bordiers des chemins. 2°. C'eft une
Compagnie, & l'on fçait que les affaires de Compagnie
font toûjours plus longues & plus difficiles à décider, à
caufe de la multiplicité des contradictions. 3°. Il s'agit de
faire executer une Ordonnance & non pas de déliberer,
& comme chaque affaire des chemins eft de peu d'impor-
ance & provifoire, elle n'a pas befoin d'être traitée par
es regles ordinaires de la procedure, elle feroit bien mieux
ntre les mains d'un feul homme d'autorité tel qu'eft l'Intendant, pour donner un mouvement libre & aifé à fes
Prépofez en chaque lieu : car on remarque en fait de Police comme en fait de guerre, que pour l'execution il faut
afin d'éviter la lenteur qu'amene la contradiction, qu'un
feul en ait le foin, que plufieurs foient confultez pour la
conftruction de la machine à la bonne heure : mais dès
qu'elle eft bien conftruite, qu'un feul foit chargé d'en faire mouvoir tous les refforts & tout ira à merveille. 4°. Les
Treforiers de France ne refident pas fur les lieux, ainfi ils
font mal inftruits, ils ne fouffrent jamais rien des chemins éloignez d'eux. 5°. Ils ont trop d'autres affaires. 6°. Ils
ne font fecourus par aucun Voyer Particulier. 7°. Que les
chemins foient bien ou mal réparez, ces Treforiers n'en
font ni pis ni mieux. 8°. *Ils marchent* à trop grands frais,
or il eft évident que fans cette refidence, fans cette defo-
cupation, fans intereft particulier, on ne peut pas fe promettre d'execution dans tous ces petits détails qui font infinis : car tout le fuccès de cette affaire ne dépend que de
petits détails ; d'ailleurs comme chacun travaille à l'envi
de fon voifin, chaque Bordier fe difpenfe volontiers du

travail à l'envi l'un de l'autre, quand on voit son voisin oisif *impuni* de son oisiveté.

Il faut donc un Reglement nouveau, qui renferme tous les précedens, qui prévoye encore plus de cas qu'ils n'ont fait, & sur tout *qui en créant des Officiers exprès pourvoye à sa propre exécution;* ainsi pour tout remede nous n'avons besoin que d'un bon Reglement, qui ne laisse rien ou presque rien d'important à decider, afin que chacun sçache ce qu'il doit au Public. Il faut un nombre suffisant d'Officiers Subalternes & proportionné au besoin; mais il faut autoriser & sur tout interesser suffisamment ces Officiers, pour obliger les redevables du Public à s'acquiter envers le Public, si l'on veut que ce Reglement soit toûjours bien observé, & que tous les sujets s'acquitent les uns envers les autres de ce qu'ils se doivent. Il faut un ressort perpetuel pour donner un mouvement perpetuel, & l'interest perpetuel des Officiers, & la punition perpetuelle des défaillans qui servira de récompense aux Officiers, est ce me semble le seul ressort perpetuel, que l'on puisse employer avec succès dans cette affaire, & le moyen le moins onereux pour le Roy & pour l'Etat, dont on puisse se servir. C'est dans cette vûë que je vais proposer un modelle de Reglement. Les reflexions sont peu utiles au Public, quand elles ne menent pas jusqu'au Reglement; les Reglemens sont peu utiles, quand ils ne menent pas jusqu'à l'établissement; les établissemens sont peu utiles, quand ils sont peu durables; & ils sont peu durables, quand ils ne se soûtiennent pas d'eux-mêmes, c'est-à-dire, quand les Membres ne sont pas *uffisamment* interessez à les soûtenir.

TROISIEME PARTIE.

PROJET DE L'EDIT.

CHAPITRE PREMIER.

Création des Officiers, Salaires, Privileges, Jurisdiction.

I.

CHaque Election, ou Sénéchauffée, ou Bailliage dans les païs où il n'y a point d'Election, aura un Voyer ou Officier pour la réparation des chemins, avec Provifions du Roy fur la nomination de l'Intendant, portant pouvoir de juger conformément au prefent Edit, & ce pour le tems qu'il plaira à Sa Majefté, il refidera dans la ville principale, & n'aura point d'emploi qui puiffe l'empêcher de vifiter les chemins auffi fouvent qu'il fera neceffaire.

I I.

Il y aura pareillement dans chaque Bourg & Ville un Sous-Voyer ou Cheminier, qui fervira de Greffier & & d'Huiffier au Voyer, & deftituable *ad nutum*, il refidera dans fon département, & l'Intendant le choifira d'entre trois que luy nomera le Voyer.

I I I.

Ni le Voyer ni le Cheminier n'auront de gages fixes, mais feulement des vacations taxées par l'Intendant, lors qu'il fera fur les lieux felon les travaux mentionnés dans leurs procès verbaux:

I V.

Ces vacations feront prifes fur le produit des amendes des chemins, & elles ne pourront exceder la fomme de mille livres par an, pour le Voyer à dix livres par chaque jour utilement employé, & sept cens cinquante livres pour le Sous-Voyer ou Cheminier à trois livres par jour.

V.

Si le Voyer ou Cheminier est imposé à la Taille, il ne pourra estre augmenté par les Collecteurs depuis sa Commission ni estre imposé s'il ne l'estoit pas, mais seulement taxé d'Office.

V I.

Les Treforiers de France, qui voudront résider dans une Election, feront préferez autant que le bien Public le permettra pour y estre Voyers : Le Voyer aura pouvoir de condamner les délinquans à l'amende, & de liquider les récompenfes des Bordiers les uns contre les autres. Les apellations des Jugemens qu'il rendra ressortiront au Bureau desdits Treforiers.

ECLAIRCISSEMENT.

On n'a point jufqu'à present regardé en France l'affaire de l'entretien & de la réparation des chemins, comme une des plus importantes de l'Etat; voilà pourquoy nos Reglemens fur cette matiere n'ont ni prévû ni décidé assez de cas, ils n'ont pas esté tous ramassez en un seul corps; mais ce qui est de plus important, ils n'ont pas assez pourvû à l'execution de ce qu'ils ordonnoient, en interessant à cette execution ceux qui en estoient chargez.

Les Loix fur le partage des successions, les Loix fur les Testamens, les Loix fur les Donations; enfin les Loix d'entre Citoyen & Citoyen s'executent à merveille, parce qu'il y a toûjours autant de Citoyens interessez à en pourfuivre l'execution, que d'autres qui font interessez à mettre des obstacles à cette mesme execution; mais les Reglemens par lesquels le Citoyen est redevable envers le Public, comme font tous les Reglemens de Police, ces Reglemens

font

font toûjours fujets à eſtre mal executez, ſi ce n'eſt lorf-
qu'il y a quelques Citoyens dont l'intereſt patticulier eſt de
pourſuivre le bien du Public. Le Public ne pourſuit rien, &
l'on ſait que les affaires demeurent, faute d'eſtre pourſuivies.

Je cherchois dernierement les moyens de faire réparer
un chemin qui eſt à l'entrée de Valogne du côté de Saint
Pierre ; il eſt fort creux, ſouvent très-mauvais, & ſi étroit
que pendant cinq cens pas un homme à cheval ne peut paf-
ſer auprès d'un caroſſe, de forte que les charettes & les caroſſes qui ſe rencontrent, ſont obligés de reculer fort loin
& quelquefois en remontant, j'allay trouver le Juge de Police, qui eſt auſſi Subdélegué de l'Intendant, Maire de la
Ville, & Lieutenant General du Bailly, il convint de la
choſe ; mais il me dît 1. que cela ne le regardoit point, que
s'il ordonnoit quelque choſe, il ſe feroit une affaire avec
les Treſoriers de France qui ſont à Caën, à vingt lieuës
de-là. 2. Que les Ordonnances ne decidoient point ſi les
chemins de Bourg à Ville eſtoient grands chemins. 3°.
Qu'elles ne regloient point la largeur des grands chemins.
4°. Qu'elles ne parloient point de ce qu'il falloit faire quand
ils eſtoient trop étroits. 5°. Qu'elles ne diſoient point ſi les
Bordiers étoient obligés d'ouvrir un paſſage ſur leur fonds:
enfin, que les heritages qui bordoient le chemin en quef-
ftion, eſtoient preſque tous à un Gentilhomme riche &
redouté en procès, qu'il ne voudroit pas deſobliger, & que
quand le Roy luy donneroit toute l'autorité neceſſaire,
il neſſa réponſe, & je trouvay commiſſion, telle fut à peu
près voudroit pas une pareille qu'il n'avoit pas de tort.

Effectivement à moins que d'eſtre aſſez bien payé pour
ne pas craindre de déplaire à cent perſonnes differentes,
peu de gens accepteroient cet emploi pour l'executer avec
exactitude. Quel remede donc à un mal, dont plus de trois

mille perfonnes fouffrent plus de dix fois par an : car tout
ce qui vient de Barfleur, de S. Pierre, de Cherbourg, &
de trente Paroiffes voifines, vient par-là. Qui de ces trois
mille perfonnes ne dira pas j'aime mieux fouffrir toute ma
vie ma part de la peine que caufe ce mauvais chemin, que
de m'en aller à vingt lieuës de-là prefenter une plainte aux
Treforiers de France, qui n'ordonneront rien fans procès
verbal de vifite, & qui n'en feront point fi l'on ne con-
figne le voyage de l'un d'eux, de mefme qui voudra feul
s'attirer pour partie ce Gentilhomme puiffant & plufieurs
autres voifins, & fuivre un pareil procès, & cela pour le
public, trente mille perfonnes diront la mefme chofe, de
dix autres endroits dans la feule Generalité de Caën.

Les Reglemens de Police n'ont atteint leur perfection,
ils ne font utiles que lors qu'ils fe maintiennent tous feuls
en vigueur, & ils ne fe maintiennent tous feuls en vigueur,
que lorfque le Legiflateur a trouvé le fecret de bien lier, de
bien attacher l'intereft particulier avec l'intereft Public.
Ainfi je ne diray point qu'un Reglement eft bon, s'il eft libre à chacun de l'executer ou de ne le pas executer, & quand
l'inexécution demeure impunie.

Dans ce projet-cy, l'Intendant qui fait plufieurs voyages en Hyver, qui aura à fa nomination un grand nombre d'Emplois, qui veut tirer facilement les deniers du Roy
en enrichiffant fa Province, & qui craindra les plaintes
des perfonnes de qualité qui voyagent, fera fuffifamment
intereffé à l'execution de cet Edit.

Le Voyer & le Cheminièr qui n'ont point d'appointemens fixes, & qui ne font payez qu'autant qu'ils travaillent,
& qu'ils puniffent les défaillans, feront auffi fuffifamment
intereffez à l'execution de cet Edit. La crainte d'eftre deftituez d'un Emploi lucratif & honorable, les intereffera à

s'en acquiter avec exactitude ; ils ne feront point intereffez d'ailleurs à vexer perfonne par des amendes injuftes , puis qu'ils ne profiteroient pas de la vexation , & qu'ils auroient outre cela à craindre les plaintes dans une matiere où le Public mefme eft témoin.

Comme le Voyer doit avoir le pouvoir de juger des amendes, d'ordonner les declôtures, &c. il eft neceffaire qu'il ait des Provifions du Roy.

On ne donne point d'appointemens fixes ni au Voyer ni au Cheminier , parce qu'on a remarqué que chacun fe relâche bien-tôt dans le travail que l'on fait pour le Public l'un à l'envi de l'autre, lorfque les appointemens font égaux pour celuy qui travaille peu & pour celuy qui travaille beaucoup. Il eft certain qu'à moins qu'on ne voye que le payement augmente à proportion du travail, la pareffe prend bien-tôt le deffus ; d'ailleurs chacun craint de fe faire des ennemis *gratis*, & cette crainte fe joignant à la pareffe qui eft naturelle à tout le monde, jetteroit bien-tôt dans l'inaction & le Voyer & le Cheminier.

Comme ces Emplois regardent une infinité de petits détails, s'ils eftoient érigez en Charges venales avec des appointemens fixes, on ne pourroit plus deftituer les Voyers & les Cheminiers pareffeux ou fripons , fans leur faire leur procès; ce feroit la même chofe fi on attribuoit ces Emplois à des Oficiers en Charge, & que ces Oficiers ne fuffent plus deftituables *ad nutum*, ainfi celui qui feroit mal auroit la même récompenfe que celuy qui feroit bien, & bien-tôt tous feroient mal.

Que le Voyer employe bien cent journées d'Hyver, & le Cheminier deux cens cinquante de fon côté tant en Hyver qu'en Eté, cela fuffira pour remettre & entretenir tout en bon état.

E ij

On m'a objecté que l'on ne feroit point d'Edit femblable pendant la guerre, parce que les Miniftres n'avoient pas le loifir d'examiner autre chofe que ce qui a rapport à la guerre.

Mais s'il demeure conftant qu'il y aura un grand profit & un grand profit prefent, non pas feulement de trente pour cent, non pas feulement de cent pour cent, mais de huit cens pour cent, nul temps n'eft plus favorable pour faire donner un Edit fi profitable que le temps de la guerre, où l'on a befoin des plus petits profits. Or je crois avoir démontré ce grand profit.

Il eft vifible que de labourer, de porter du fumier fur la terre, d'y jetter de la femence, eft une dépenfe actuelle, & une avance confiderable pour les Proprietaires & pour les Fermiers. Il n'arrive même que trop fouvent, par trop de pluye, par trop de fec, par les grêles, par les nielles, que l'on ne recüeille prefque rien. Cette dépenfe doit-elle détourner le Proprietaire, le Fermier de labourer & de femer pendant la guerre ; cependant le profit du Laboureur ne va pas ordinairement à vingt pour cent de l'avance qu'il fait ? Abandonne-t-il fon travail ? Songe-t-il à s'épargner cette dépenfe dans un temps de guerre où il eft accablé d'impofts, & où il y a encore de l'incertitude dans le profit rien moins, & c'eft pour payer plus facilement les Impôts, qu'il fait l'avance de la dépenfe neceffaire pour avoir de l'argent de fon bled un an après fa dépenfe.

Qu'on travaille aux chemins l'Eté, on en recüeillera le fruit dès l'Hyver fuivant, & plus de cent, plus de huit cens pour cent ; mais il y a cette difference que le Laboureur peut profiter quand fes voifins ne labourent point, & il profite mefme d'autant plus qu'ils labourent moins ; au lieu que quelques Particuliers auront beau raccommoder cha-

cun *en droit foy* les chemins, fi leurs voifins ne travaillent
de leur côté, les chemins demeurant mauvais en plufieurs
endroits, le Commerce fera prefque également interrom-
pu, ainfi il faut un Edit pour tout le monde, & que tous
les Intendans veillent également à fon execution dans toutes les parties du Royaume, fi l'on veut que tous les membres agiffent, & que tous les peuples tirent ces huit cens
pour cent de profit.

Ceux qui chargent des Vaiffeaux pour la mer du Sud,
ne font-ils pas des avances confiderables & des dépenfes
certaines pendant la guerre? Or le profit eft bien moins
grand & bien moins certain pour eux, que celui-ci ne l'eft
pour l'Etat.

On m'a dit en fecond lieu, que fi le Confeil fe déter-
mine à donner cet Edit, ce fera dans la vûë de créer tous ces
Emplois en nouvelles Charges, que fi la Normandie a befoin de près de trente Voyers & de trois cens Cheminiers, il
y auroit dans le Royaume environ trois cens Voyers & trois
mille Cheminiers.

Voici des confiderations qui peuvent détourner le Confeil de créer ces Emplois en Charges hereditaires. 1°. Il eft
à propos de faire reflexion, que les gens en Charge ne font
pas fi difciplinables que les Commis. On choifit les uns
felon leurs talens, & l'on ne choifit pas les autres. 2°. Non-
feulement ils ont moins de talens, & fouvent ils n'ont
d'autres talens que leur argent, mais ils manquent mefme
de bonne volonté, ils n'obéiffent pas. 3°. Pour leur faire
executer l'Edit, ils ont un grand reffort de moins, qui eft
la crainte d'eftre deftituez: car on n'interdit des gens en
Charge que pour des faits graves. Un grand nombre de
petites negligences ou de petites injuftices, couvertes de
quelque prétexte ne fuffit pas pour les interdire. Cepen-

dant la multitude de ces petites negligences, suffit pour rendre l'Edit mal observé & presque inutile. 4º. Les Voyers ne voudront pas condamner à l'amende leurs amis, ils n'oseront pas condamner ceux pour qui ils auront de la consideration & du respect, ils craindront mesme de condamner les criards, qui iroient crians, pourquoi vôtre ami ? pourquoi tel Seigneur n'est-il pas condamné à l'amende comme moi ? & cependant par ces considerations voilà dans toutes les Voyeries bien des endroits non réparez. 5º. Ces Voyers par animosité, par vengeance condamneront à la petite amende lors qu'il n'y aura pas lieu, ils condamneront à la grosse lors qu'il n'y écherra que la petite; enfin ils feront faire des venduës rigoureuses & des frais dont ils pourroient exempter les défaillans.

A l'égard des Commissionnaires, plusieurs negligences justifiées suffiront pour la révocation, & les Bordiers qui feront mal leur devoir seront tous punis, & ceux qui s'en acquitteront n'auront rien à craindre de l'animosité des Officiers.

On m'a répondu que le principal revenu des Voyers & des Cheminiers, étant non en apointemens fixes qui seront mediocres, mais en vacations qui doivent estre taxées par l'Intendant. Ces Officiers seroient à son égard dans une grande dépendance, & assez interessez à le contenter & à ne pas negliger leur devoir, & cette raison est effectivement d'un grand poids, mais elle ne remedie pas au manque de talens de ceux qui acheteront.

J'ai examiné si ce n'étoit point créer trop de Cheminiers, que d'en mettre un dans chaque Bourg, & j'ai trouvé que d'ici à cinq ou six ans, chaque Cheminier auroit plus de besogne qu'il n'en pourroit faire eu égard à l'état present des chemins. Par exemple, le Département de S. Pierre aura

dans ſes dix-huit Paroiſſes environ neuf lieuës quarrées, &
dans chaque lieuë quarrée dix lieuës de long en chemins
qui ſe croiſent, j'en ai fait la ſupputation dans la lieuë quarrée des environs de S. Pierre, ce ſeroit donc plus de quatre-vingt dix lieuës de chemin à viſiter par an : or ſi l'on
met ſeulement dix perſonnes par chaque lieuë en longueur, à qui l'on ait à faire pour quelqu'un des articles du
devoir des Bordiers, cinq de chaque côté du chemin, ce
qui eſt très-peu, attendu le mauvais état de nos chemins;
ce ſera cependant plus de neuf cens perſonnes à qui le Cheminier aura affaire le long de l'année, ſans conter le temps
qu'il employera à rectifier ſes Carres, à faire placer & entretenir les *Guidiers* & les Inſcriptions, à faire faire des bré-
ches & des ziguezagues, à arrêter les Memoires des Fermiers,
à faire le recouvrement des amendes, &c. toutes choſes abſolument neceſſaires, ſi l'on veut que l'Edit ſoit executé, &
que les chemins ſoient en bon état.

Il pourra arriver m'a-t-on dit, que dans dix ou douze
ans les chemins ſeront devenus ſi commodes en Hyver,
qu'il n'y aura plus aſſez d'amendes dans l'Election pour
payer le Voyer & les Cheminiers, cela n'eſt pas facile à croire; mais alors on pourra réduire le nombre des Cheminiers
à proportion des amendes, & en augmenter le nombre
lorſque le nombre des amendables augmentera, ce qui eſt
de ſûr, c'eſt que l'on ne peut avoir trop d'attention à cette
proportion, puiſque par des punitions auſſi petites que ces
petites amendes, on apporte à l'Etat un profit ſi conſiderable. Rien n'eſt plus raiſonnable dans le fond, que de pro-
portionner le nombre des Officiers au beſoin que l'Etat en
peut avoir, & de n'aſſurer le payement du Medecin qu'à
proportion de ſon ſuccès. Or ici le ſuccès ſe montrera, &
ſera ſenſible par la diminution du nombre des amendes.

Je n'ay point indiqué aucun fonds pour payer les Gages des Officiers, en cas qu'il n'y eût point d'amendes à suffisance. 1°. Parce qu'on n'a point besoin d'Officiers pour punir des défaillans où il n'y a point de faute. 2°. Parce que si les Officiers estoient seurs d'estre payez par une Ordonnance sur les deniers de l'Election ou de la Generalité, ils ne voudroient pas se faire des ennemis en jugeant des amendes, & en les faisant payer regulierement. 3°. Les Officiers feroient beaucoup de visites dans des chemins bien réparez, & où il n'y auroit nulles amendes à juger, & seroient ainsi payez d'un travail inutile au Public.

Si l'on prenoit sur la Generalité pour payer les Officiers, & non sur les delinquans, les innocens payeroient pour les coupables : or dans un Etat bien policé, il faut toûjours un traitement different pour celui qui prend sur lui pour obéïr exactement aux reglemens, & pour celui qui ne veut pas s'y assûjettir, & qui ne conte pour rien de les transgresser.

Je n'ai point attribué au Cheminiers des Villes d'inspection sur le pavé, sur les boües & lanternes, mais seulement l'inspection des Chemins des environs de la Ville, c'est qu'il m'a paru qu'il y a un assez bon ordre dans les Villes que je connois, & qu'il n'y a qu'à l'entretenir. Enfin s'il manque quelque chose aux autres Villes, il sera facile à l'Intendant d'y pourvoir.

TITRE SECOND.

Fonctions du Voyer.

I

Le Voyer accompagné du Cheminier, & fur fes memoires, fera fes vifites pendant les mois entiers de Decembre, de Janvier, de Février & de Mars, pour juger les amendes.

II

Quand il fera décente fur les lieux requis par les parties conteftantes, il fera payé aux dépens de la partie qui décherra.

III

Il aura foin de faire bien entretenir les Ponts, Chauffées & pavés par les Seigneurs Peagers & autres qui y font obligés, & à l'égard des pavez qui font employés fur l'Etat du Roy, il envoyera tous les fix mois procés verbal à l'Intendant de la Generalité, afinqu'il y foit inceffamment pourvû.

IV.

Il fera de même nettoyer ou élargir les petites Rivieres & Ruiffeaux, dont les débordemens rendront les Chemins impraticables, & fera réparer les Digues qui feront neceffaires à cet effet, foit aux frais des Riverains, foit aux frais de l'Election.

V.

Dans les Bourgs les jours de marché, chacun fera tenu de faire balayer, enforte qu'il n'y ait aucun fumier amaffé ni rien de mal-propre devant fa maifon & fon enclos, & de faire ôter le bois, les pierres, & autres chofes qui diminuent le Chemin, à peine de quatre livres d'amende, & à cette fin le Voyer vifitera de tems en tems les Bourgs de fa Voyerie les jours de marché.

ECLAIRCISSEMENT.

Le Roy dans les Provinces d'Etats, comme en Languedoc, n'eſt pas chargé des Ponts & Chauſſées, c'eſt la Province, cela fait que ces Ponts & Chauſſées y ſont mieux
entretenus que dans les autres Provinces, où le Roy en-
eſt chargé, & où il perçoit les fonds qu'a autrefois dont
né chaque Province pour ce ſujet : ces fonds ſont ſouvent
employés à d'autres uſages, & tout eſt negligé. A deux
lieües aux environs de Carenten par exemple ; il y a ſept
Chauſſées preſque toutes ruinées ; Pont d'ouves, la Fiere
chef du Pont, la Sanſuriere, Pierrepont, Pont l'Abbé,
Amanville ; cependant c'eſt le Païs de Normandie le plus
gras & le plus abondant, & nul commerce pendant ſix
ou ſept mois de l'année ; ces fonds diſtraits qui ſont peu
de choſe pour le Roy, cauſent une perte immenſe à l'E-
tat & au Roy même ; mais ſi le Roy trouve à propos d'employer utilement ces anciens fonds à d'autres uſages qu'aux
Ponts & chauſſées ; il eſt toûjours certain qu'il en faut
faire un nouveau dans la Generalité 1o. Pour l'entretien ordinaire, 2o. Pour les extraordinaires, ſoit Ponts
nouveaux, ſoit chauſſées nouvelles.

Le Voyer de Valogne aura onze départemens à viſiter en quatre mois, ce ſera à peu prés onze jours pour
chaque département, & c'eſt aſſés pour voir ce que le
Cheminier lui montrera de plus important, c'eſt-à-dire,
les plus mauvais Chemins ; mais auſſi ce n'eſt pas trop.

L'article du nettoyement des Rivieres & des Ruiſſeaux
qui traverſent les Chemins, ſemblent empieter ſur la Ju-
riſdiction des Eaux & Foreſts, mais de deux choſes l'u-
ne, ou ces Juges y donneront bon ordre, & alors le pu-

blic fera bien fervi, & le Voyer ne fera rien de leur charge, ou bien ils le negligeront, & alors quel tort leur fait-
on de faire executer par le Voyer pour l'utilité publique, ce qu'ils ne fe fouçient pas d'executer eux-mêmes.

TITRE TROISIE'ME.

Fonctions du Cheminier.

I.

Le Cheminier vifitera les Chemins des environs du Bourg
ou Ville, jufqu'aux bornes du département voifin.

II.

Ces bornes feront reglées par l'Intendant fur les dif-
tances qui feront mefurées par toifes.

III.

Aprés la vifite du Voyer, & les amendes jugées & pu-
bliées en chaque parroiffes, il fera travailler huit jours
aprés, à faire des breches de fix toifes aux hayes & mû-
railles, vis-à-vis les Chemins non reparés, & les ouvriers
qu'il employera feront payez fur l'executoire du Voyer par
les condamnés.

IV.

Tout paffant, ou autre particulier quinze jours aprés
la lecture des amandes dans chaque parroiffe, s'il n'y a
breche faite vis-à-vis le mauvais chemin dans chaque
parroiffe, fera autorifé à porter fa plainte au voyer, & le
contrevenant condamné aux dépens du plaintif.

V.

Si le Bordier releve la brèche avant que d'avoir fait la
reparation, il fera condamné à cent livres d'amende: le Cheminier pourra fe fervir du bois des brèches abatuëspour con-
folider le fond de la brèche.

VI.

Il fera diverfes vifites dans les mois où l'on travaillera

le plus aux Chemins pour diriger les ouvriers. Sur les grands chemins en campagne il fera planter de quart de lieüe en quart de lieüe deux ormes ou autres arbres à haute-tige vis-à-vis l'un de l'autre des deux cotez du chemin aux frais des proprietaires à l'endroit marqué par l'ordonnance du voyer qui leur fera signifiée : ces arbres en tems de neige serviront de balise aux voyageurs pour les empêcher de s'égarer ; il aura soin d'empêcher que ces *Balisiers* ne soient ni coupez ni élaguez, & de les faire remplacer s'il venoient à tomber.

VII.

Il aura soin de faire metre dans tous les carrefours de son département un poteau croisé ou *Guidier* sur le modelle qu'en donera l'Intendant, pour guider les voyageurs & pour leur montrer les chemins de ville à ville, de bourg à bourg, de clocher à clocher. Il entretiendra en bon état les bras & l'ecriture des guidiers; l'Intendant en taxera le prix & le cheminier s'en fera payer par égales portions sur les proprietaires bordiers dudit carrefour & payement acordé sur les fermiers, sauf leur recours.

VIII.

Il mettra au bout de chaque ligne deux chifres; le premier plus grand marquera les lieües du bourg ou ville à l'autre : le second plus petit marquera les demi-quarts de lieües, & cela seulement aprés que le chemin aura été mesuré par toises par ledit cheminier à raison de 2282, toises, quatre peds huit pouces pour chaque lieüe commune de France de vingt-cinq au degré.

IX.

Le cheminier de la ville où il y aura generalité ou parlement, fera écrire à chaque bout de ruë le nom de la ruë & entretiendra l'inscription aux frais des proprietaires qui font le coin des ruës & payement acordé sur les locataires, sauf leur recours.

X.

Aux ponts, Chaussées & pavés qui seront faits ou reparés aux dépens du public, le cheminier fera metre une inscription en pierre de taille qui portera l'année de la reparation, le nom de l'Intendant, du voyer, & du cheminier,

& il aura foin de conferver & de reparer les anciennes inf-
criptions de cette efpece.

XI.

Il rendra conte de fes vifites au voyer de fon Election, afin
de le determiner à vifiter le plus important & le plus preffé, & pour cela il aura un Regiftre au commencement du-
quel fera une carte generale de fon departement, où feront
les chemins de clocher à clocher, & plufieurs cartes particulieres où feront les chemins de hameau à hameau, avec
les feparations des foffés, & vis-à-vis feront mis les noms
des proprietaires.

XII.

Chaque Syndic fera tenu de lui nommer le long des chemins de fa parroiffe, les fermiers & proprietaires bordiers:
ce findic aura trente-fols pour cette indication, ce qui fera
payé par le cheminier qui en fera rembourfé fur l'ordonnance de l'Intendant.

XIII.

Il donera au voyer deux copies defdites cartes, l'une pour
lui, l'autre pour l'Intendant; les voyers & cheminiers laif-
feront leurs regiftres & leurs cartes à leurs fucce ffeursou
au moins copie d'eux certifiée.

ECLAIRCISSEMENT.

Les cartes qu'auront le Voyer & l'Intendant, feront
d'une grande commodité pour entendre les plaintes qu'on
leur fera de bouche ou par écrit, & pour y faire doner ordre promptement par chaque cheminier.

Ces cartes, pourvû qu'elles foient mefurées exactement,
feront auffi d'une grande utilité pour les Geografes de France, & pour former les cartes particulieres des frontieres &
du refte du Royaume, il n'y a point d'arpenteur dans un
canton qui avec une bouffole ne puiffe dreffer une carte des
chemins d'une Parroiffe, & ces arpenteurs feront preferés
à tous autres pour être cheminiers: l'Intendant taxera au

cheminier vingt livres ou environ pour chaque carte d'une lieüe quarrée ; il y aura des chifres vis-à-vis du chemin, dans chaque piece de terre ou enclos & des liftes où feront marqués ces chifres par renvoys pour favoir les noms & demeures des proprietaires, & comme les proprietaires changent, il donnera un regiftre tous les dix ans au greffe de la voyerie.

Pour peu que l'on ait voyagé, on comprendra aifément que les *Guidiers* feront d'un grand foulagement aux voyageurs, fur tout dans les mauvais tems ou l'on ne trouve perfonne dans les champs pour enfeigner le chemin; fouvent même les payfans s'expliquent mal & multiplient les doutes, cependant faute de ce fecours, on s'arrête ou bien on s'égare, & un *Guidiers* qui coûtera à chaque bordier du carrefour dix ou douze fols en dix ou douze ans, épargnera à dix milles perfonnes dix mille incommodités que chacun racheteroit affez cher fi elles pouvoient fe racheter.

Ce fera même un amufement & un délaffement pour les Voyageurs de voir fur chaque Guidier précifement ce qu'ils ont fait de chemin & ce qui leur en refte à faire à demi quart de lieuë près, & c'eft une beauté pour le Royaume que la mefure de la lieuë foit uniforme dans toutes les Provinces; cela donnera peut-être envie d'y établir l'uniformité dans les poids & dans le refte des mefures.

Il eft à propos que l'Intendant faffe faire un modele pour la hauteur du Guidier, pour montrer ce qui fera enterré, ce qui fortira de terre, la groffeur & la façon de l'écriture, il faut le fond blanc & l'écriture noire, le tout en huile.

Ce fera de même une grande commodité pour les grandes Villes, que le nom de chaque ruë foit écrit, & il n'en coûtera pas dix fols en dix ans, à chaque Proprietaire des maifons de chaque carrefour.

Il n'y a perſonne qui ne conte pour quelque choſe d'être regardé comme bienfaiſteur du Public ; mais il ne ſièroit pas à ceux qui ont procuré des ouvrages publics de ſe dreſſer eux-mêmes des Inſcriptions ; & c'eſt pour cela qu'il eſt de l'intereſt du Roy & de l'Etat de metre en euvre le reſſort de la gloire & de la bonne gloire, & d'ordonner que ces Inſcriptions ſoient faites bon gré malgré, afin d'encourager les principaux moteurs de l'Ouvrage à l'entreprendre, à le pourſuivre & à le finir, ils ſeront ainſi récompenſez pendant leur vie, & leurs parens joüiront dans la poſterité d'une diſtinction juſte qui ne coûte rien au Public, & qui luy aportera de très-ſolides avantages.

Je n'ai eu garde d'oublier le nom du Cheminier : car ce petit ſoin le regardera dans l'execution, & chacun ſelon ſon état cherche avec ardeur de la diſtinction entre ſes pareils.

TITRE QUATRIE'ME.

Largeur des Chemins.

I.

Le chemin Royal eſt le chemin le plus court de Maiſon Royale à Maiſon Royale, où le Roy a coûtume de faire quelque ſéjour chaque année. Le chemin le plus court des Villes, qui ne ſont éloignées que de dix lieües de Paris, pour arriver à Paris Ville Royale & Capitale du Royaume eſt auſſi chemin Royal ; ce chemin aura douze toiſes de large lorſqu'il ne ſera point pavé.

I. I.

Le chemin le plus court de marché à marché ſera cenſé grand chemin, il aura ſix toiſes de large entre les hayes, ſi ce n'eſt qu'il fût ou pavé ou ferré & commode en tout rems, ce même chemin aura douze toiſes dans les bois, & cela en conſideration de la ſeureté publique.

I I I.

Le chemin de traverſe de Village à Village & de Village à Bourg, aura trois toiſes entre les hayes & ne pourra avoir moins, ſi ce n'eſt qu'il fût ou pavé ou ferré & commode en tous tems.

I V.

Si ces chemins en quelques endroits ſont plus larges que de 72. 36. & 18. pieds, les Bordiers ne les rétreciront point, mais les laiſſeront de leur ancienne largeur.

ECLAIRCISSEMENT.

J'ai conſulté pluſieurs Coûtumes ſur la largeur des grands chemins, ſur ceux qui doivent eſtre appellez Royaux & grands chemins, il me paroît raiſonable que les chemins de Paris à Verſailles, à Fontainebleau, de Meaux à Paris, par exemple, ſoient apelez Royaux, & que ceux qui menent de marché à marché, c'eſt-à-dire, à un lieu où il y a toutes les ſemaines grand concours de peuple, de Marchands & de marchandiſes, de chevaux & de charettes, tels que ſont les Bourgs où il y a marché, ſur leſquels les voleurs attendent les Marchands, ſoient apelez grands chemins.

A l'égard de leur largeur, j'ai pris un milieu entre diverſes Coûtumes & divers Reglemens, qui eſt ſix toiſes. Or comme le milieu qui ſera ferré, aura douze pieds ou au moins ſept pieds de large pour les voitures & les charois, qui ſe feront pendant l'Hyver, & les deux côtez chacun neuf pieds & demi juſqu'à la rigole ou petit foſſé, pour pouvoir y cheminer l'Eté en évitant le ferré du milieu; on trouvera que c'eſt aſſez, mais auſſi ce n'eſt pas trop eu égard aux chevaux chargez & aux charettes qui ſe rencontrent; il faut d'un côté ménager le terrain des Proprietaires, & de l'autre avoir égard à la commodité des Voyageurs & à la facilité du tranſport.

Le

Le Commerce entre les Villages, fait & foûtient le Commerce des Bourgs, celuy des Bourgs fait & foûtient le Commerce des Villes, ainfi les chemins de Village à Village qu'on apele chemins de traverfe, ne doivent pas eftre plus negligez que ceux de Ville à Ville, plus le nombre des Villages eft grand à proportion des Villes, plus ce qu'il leur importe doit donner d'attention.

TITRE CINQUIE'ME.

Obligations des Bordiers.

I.

Les Bordiers foit Proprietaires, foit Ufufruitiers, feront tenus de doner aux chemins la largeur cy-deffus prefcrite.

I I.

De remplir les grandes ornieres & d'empêcher qu'il ne s'en faffe de fix pouces de profondeur en Hyver; & à cet effet, d'aporter l'Eté des pierres & du caillou à fufifance dans le milieu du chemin, d'aplanir le tout, & d'en aporter affez, pour que le milieu en foit tout garni à la largeur de douze pieds.

I I I.

De choifir des pierres qui ne fortent jamais plus de deux pouces hors de terre.

I V.

D'aplanir les petites banques qui excederont fix pouces de hauteur.

V.

De tenir le milieu plus haut d'un pied que le bord des rigoles.

V I.

D'entretenir de chaque côté ces rigoles profondes & larges de deux pieds & demi, pour l'écoulement de la pluye.

G

V. I. I.

De détourner les ravines & de leur donner de l'écoulement, afin que le terrain du chemin puisse devenir plus solide, plus sec, & qu'il ne se fasse jamais d'amas d'eau en Hyver de hauteur de six pouces.

V I I I.

D'ôter les arbres des fossez qui pancheroient sur le chemin, les branches qui déborderoient à la hauteur du passage, & tous les arbres qui diminuëront la largeur du chemin cy-dessus prescrite.

I X.

D'ôter les roches ou grosses pierres du chemin, ou de les enfoüir en les garnissant tout au tour de pierres, & de terrre en talud, en sorte que les charettes passent commodément par dessus, & qu'elles n'excedent jamais que de deux pouces le reste du chemin.

X.

De ne point fermer leurs heritages le long d'un grand chemin qui passe sur une hauteur, qu'en laissant libre un terrain sufisant pour y conduire commodément le chemin en ziguezagues d'une toise de pente sur douze toises de longueur, & faire des troüées dans leurs hayes & dans leurs murailles, afin que les rigoles portent les eaux hors du chemin.

X I.

Celui qui ne sera Bordier que d'un côté du chemin, ne sera tenu de réparer que la moitié du chemin, & l'autre Bordier l'autre moitié chacun de son côté, à moins qu'il n'y eût titre au contraire.

X I I.

Les Bordiers des chemins en terres non-closes ne seront tenus de la réparation, si ce n'est lors qu'ils laisseront des fossez aboutissans sur le chemin pour le rétrecir, ou lors qu'ils laboureront à six toises près du milieu du grand chemin.

X I I I.

Le Proprietaire ou Usufruitier poura planter des chênes, des ormes, & autres arbres dans ses hayes le long du chemin lors qu'il sera bien réparé, & ils pourront être

conſervez tant que le chemin ſera maintenu en bonne ré-
ration.

XIV.

Le Poſſeſſeur à titre de Bail Emphiteotique, ſera tenu
des réparations des chemins comme s'il étoit Proprietaire
incommutable.

ECLAIRCISSEMENT.

J'ai ramaſſé dans cet article tout ce que j'ai trouvé dans
les Ordonnances anciennes & modernes, & ce que j'ai pû
imaginer de mon côté pour rendre les chemins comodes,
& comme c'eſt un des principaux articles, j'eſpere que ceux
qui liront cette ébauche & à qui il viendra quelque nouvelle vûë utile, voudront bien me la communiquer, afin
que je puiſſe doner au Miniſtre l'Ouvrage plus ample &
plus correct.

Les chemins ne paſſent gueres par des hauteurs au-deſſus
de cent toiſes, & même la plûpart des hauteurs n'ont pas
cent pieds. Or ſuppoſé que le chemin en ziguezagues ait
un demi-pied de pente ſur ſix pieds, la montée ne ſera pas
trop rude, ni la deſcente trop précipitée; & cependant pour
monter cent toiſes de haut, c'eſt-à-dire, trois fois auſſi haut
que les Tours de Nôtre-Dame de Paris, il ne faudra que
1200. toiſes de ziguezagues, c'eſt-à-dire, un peu plus d'une
demi lieuë. Avec le ſecours de ces ziguezagues, les chevaux
des charettes & des caroſſes n'auront point à ſoufrir, &
comme les eaux s'écoulent promtement dans les terres voiſines du chemin, à cauſe de la pente & des rigoles, les ravines ne gâteront plus les chemins, & ils ſe conſerveront aiſément toûjours beaux.

On m'a dit qu'il ſeroit à propos que les Bordiers travail-
laſſent tous à même tems.

Mais 1o. si chaque Bordier répare bien sa moitié quoiqu'en divers tems le long de l'année, le tout sera bien réparé, le milieu aussi bien que les côtez.

2o. Si vous ôtiez aux Bordiers la liberté de choisir leur semaine, leurs jours, vous leur feriez souvent un grand préjudice pour leurs charois pressans, soit pour leurs labourages, soit pour leurs voyages, soit pour des travaux qu'ils ont pris à tâche; enfin vous les incommoderiez souvent par rapport à leur santé & à l'état de leurs chevaux.

3o. Ils ne pouroient pas employer les jours, les demi jours qu'ils trouvent inutiles le long de l'année, & ce seroit faire ainsi un tort considerable à un nombre infini de Bordiers.

On m'a dit encore que le milieu des chemins qui doit être ferré, devroit être de quinze pieds de large au lieu de douze, afin que les charettes pussent passer l'une auprès de l'autre sans s'approcher, & en demeurant sur le ferré.

Je répons 1o. qu'il est vrai, qu'il seroit à souhaiter que ce milieu fût de quinze pieds au lieu de douze; mais il faut avoir égard à la dépense, & c'est un quart en sus, ce qui seroit très-considerable. Je ne sai même s'il ne sufiroit pas de neuf pieds, sur tout dans les premieres années.

2o. Quand deux charettes se rencontrent, pourvû que chacune ait une roüe sur le *ferré*, elles ne souffrent pas.

3o. Comme il est rare qu'elles se rencontrent précisément au même endroit, elles ne feront point d'ornieres sur le *non-ferré*.

TITRE SIXIEME.

Récompense entre les Bordiers.

I.

Lorsque le chemin pourra être élargi des deux côtez également, & commodément pour le Public , chaque Bordier élargira de son côté sur son heritage, pour la moitié de la longueur ordonée par le Voyer, si mieux ils n'aiment convenir entre eux de la récompense de ce lui qui metra tout l'élargissement sur son fonds , peyable par celui qui n'élargira point de son côté.

I I.

Mais lorsque le terrain ne le permetra pas , soit à cause d'un grand dommage d'un Particulier , soit à cause de l'utilité publique , le Bordier Proprietaire sur lequel sera pris du terrain pour élargir le chemin , aura sa récompense de moitié du terrain & des frais du fossé nouveau sur le Bordier oposé.

I I I.

Le Voyer fera l'estimation sans frais sur le raport des Experts qu'il nommera sur le lieu , pour la valeur de la moitié du fonds & des fossez à faire , & donera l'Execcutoire pour les frais des nouveaux fossez , selon la part que chacun en devra porter , & si le reste de la somme est au-dessus de soixante livres, elle sera censée constituée par le même Executoire au denier établi dans la Province, & poura être remboursée toutes fois & quantes soixante livres à chaque fois.

I V.

En cas d'apel de l'estimation, si celui qui la soûtient décheoit , il ne peyera que le déboursé des procedures ; mais si celui qui s'en plaint décheoit , il peyera les dépeas entiers.

V.

Lorsque l'on portera un chemin par un autre endroit,

ſoit pour éviter une montagne dificile , ſoit pour éviter un paſſage marécageux , ſoit pour éviter le paſſage d'une riviere où il y a du danger , ſoit pour quelqu'autre conſideration legitime , les Bordiers ſur leſquels on prendra le chemin ſeront dédomagez.

V I.

L'Intendant ſeul poura ordoner un nouveau chemin éloigné de l'ancien, & ce ſur le procès verbal de pluſieurs Voyers par lui à ce commis, & après y avoir apelé les intereſſez par publication aux Paroiſſes, ſur leſquelles doit paſſer le chemin.

ECLAIRCISSEMENT.

Ce ſera proprement ce titre qui poura doner occaſion d'apeler au Tribunal des Treſoriers de France, à cauſe de l'eſtimation du Voyer qui pouroit n'être pas exacte, & ſe trouver trop favorable pour l'une des Parties.

J'ai rendu le parti de l'Apelant un peu moins favorable, afin de le détourner d'apeler, en ce que c'eſt plûtôt la faute du Voyer que la ſienne, ſi l'eſtimation n'eſt pas bien faite. Quoi qu'il faille viſer le plus près que l'on peut, à la verité & à l'équité, le Legiſlateur doit autant qu'il eſt poſſible abreger la procedure, ſeur que ſi d'un des Citoyens eſt lezé en pareil cas, l'Etat n'en ſoufre rien, puiſqu'un autre Citoyen profite de la perte entiere que fait l'autre ; au lieu que s'ils perdoient beaucoup de tems & d'argent à plaider, l'Etat en ſoufriroit, puis qu'ils employeroient ce tems & cet argent à quelque choſe d'utile à l'Etat, comme à mieux cultiver leurs terres & à rendre leurs autres afaires meilleures qu'elles ne ſont. Il faut même conter pour quelque choſe le tems que les Plaideurs font perdre aux Juges, aux Avocats, & aux autres gens d'afaires : car j'apele tems perdu pour l'Etat, le tems qui ne lui raporte aucune utilité.

TITRE SEPTIEME.

Amendes.

I.

Les amendes pour les reparations des chemins ne pourront être encourües qu'apres la lecture & la publication du prefent Edit, faite une fois chaque année par le Cheminier en May, Juin & Juillet au marché de chaque cheminerie, & l'imprimé doné au Sindic qui en donnera fon recepiffé.

II.

Le Fermier ou Metayer Bordier, fera tenu de reparer le chemin, mais il lui fera tenu conte de fon travail & de fa depenfe, par le proprietaire ou ufufruitier, à moins que ce Fermier ne fût chargé fpecialement par fon bail des reparations des chemins, & il fera feul condamné perfonellement à l'amende fans aucun recours fur le proprietaire, mais en cas d'infolvabilité du Fermier, le proprietaire repondra de l'amende

III.

Cette amende fera proportionnée au mauvais état du chemin, elle fera au moins de quatre livres & ne pourexceder vingt livres pour une année contre le même, pour le même endroit du chemin contenant deux perches de long.

IV.

Le cheminier fera lecture à l'iffüe de la grande-meffe de chaque Paroiffe du rôle des amendes où feront condanés les habitans de la Parroiffe, & en donera copie au Sindic.

V.

Le condamné pourra fe difpenfer & fe relever de l'amende s'il repare le chemin dans la quinzaine franche de la lecture en demandant nouvelle vifite au voyer au domicile du cheminier.

VI.

Le Fermier fera arêter par le cheminier son memoire de dépense dans six semaines du jour de l'ouvrage commencé en fournissant le certificat des ouvriers & charetiers, faute dequoi ledit Fermier n'en poura demander compte & ledit cheminier aura pour chaque arrêté cinq sous par rôle.

VII.

· Les Sou-Fermiers des terres domainiales feront faire les reparations des chemins ou le Roy sera bordier; il leur en sera tenu compte par les Fermiers generaux, il en sera pareillement tenu compte aux Fermiers generaux pour ce bail-cy seulement, parce que lesdites reparations passeront à leur égard aprés ce bail pour charges locales.

ECLAIRCISSEMENT.

Il m'a paru que pour n'avoir point a ataquer directement les grans-Seigneurs, & pour metre aisément tout le monde en mouvement, il n'y avoit qu'a condaner les Fermiers seuls à l'amende, car d'un côté comme ces Fermiers font seurs d'être rembourfés de leur dépense en diminution de leur bail, ils travailleront incessament pour ne pas risquer de se faire condaner personellement à l'amende; de l'autre le proprietaire qui craindra que son Fermier ne se fasse allouër par le cheminier un Ecu de plus qu'il ne lui en coûteroit, si lui-même en prenoit le soin fera travailler incessament par ses ouvriers; & cette crainte d'une perte qui agitera & le Fermier & le proprietaire, tournera ainsi au profit du public; d'ailleurs le Fermier se portera d'autant plus volontiers a reparer qu'il profite lui-même de la commodité des chemins reparée.

Le voyer & le cheminiet auront moins à craindre le ressentiment des Seigneurs, lorsque l'amende tombera

fur leurs Fermiers, & ça-efté ma principale vüe de di-
minuer la crainte des oficiers afin que la loy pût s'executer avec plus d'exactitude.

On m'a objecté qu'il feroit mieux au lieu d'amende
que le voyer fît travailler au chemin par le cheminier aux
depens du proprietaire contrevenant.

Mais 1°. Le cheminier ne pourroit jamais fufire à faire faire tous ces travaux.

2°. Il pourroit faire quelques friponeries de concert avec
fes travailleurs ordinaires, fans qu'on pût avoir de preuves contre lui.

3°. De quelque maniere qu'il se gouvernât, il feroit fouvent acufé, & le pis eft que l'Intendant ne pourroit avoir
de preuves fufifantes ni pour le condaner, ni pour le jufti-
fier, & ce défaut de preuves foit de la friponnerie, foit
de l'innocence, mettroit l'Intendant dans la neceffité, vû
les diverfes plaintes, ou de n'avoir égard a aucunes ce
qui feroit autorifer les fripons, ou de punir fouvent l'in-
nocent & de traiter favorablement le coupable, ce qui
feroit une injuftice tres facheufe pour le particulier & tres
préjudiciable au public.

4°. Le cheminier peut être lui même trompé par les
travailleurs parce qu'il ne pourroit pas toûjours affifter à
leur travail.

5o. La bréche qu'on fera fur le fond du delinquant
fatisfait d'un côté aux marchands & aux voyageurs qui
ne demandent qu'un paffage aifé & l'amende qu'il paye
fatisfait de l'autre aux gages de l'oficier qui a le foin de
la réparation du chemin.

Chaque proprietaire étant averti de l'Edit ne man-
quera pas d'employer dans fon bail, la claufe de la reparation des chemins, ainfi cet embarras d'arêter les mémoi-

res des fermiers, ne durera que peu d'années; & le Roy pourra même ordoner dans la fuite, ou même par cet Edit que
cette claufe fera fous-entenduë, s'il n'en eft point fait men-
tion au contraire dans le bail.

Les amendes de quatre livres ne font point ruineufes,
& ceux qui ne veulent pas faire une depenfe de trente ou
quarante fols pour ne point caufer une grande incommodité publique, meritent bien de contribuer au payement
des gages des oficiers & des travaux publics, & puis il eft
au pouvoir de chacun d'éviter l'amende en rendant au public ce qu'il doit au public, c'eft-à-dire, ou en reparant le
chemin ou en ôtant fes clôtures.

TITRE HUITIEME.
Recouvrement des amendes.

I.
Les amendes feront payées au receveur des amendes
du domaine, le cheminier aura foin de les faire payer &
aura un fou pour livre du recouvrement.

II.
L'amendable payera feulement quinze fous pour la fai-
fie & quinze fous pour la venduë, compris le papier & le
contrôle, le tout comme deniers Royaux, mais le contrôle pour les exploits du cheminier ne fera que de cinq
foûs.

III.
Du reftant des amendes, les oficiers payés, il en fera
fait un fond pour être employé à paver les chemins marécageux & a reparer les ponts & chauffées fuivant l'ordonnance de l'Intendant, mais feulement aprés les adjudications & vifites du parfait des ouvrages par le voyer & par
le cheminier du département en prefence d'un autre voyer
à ce deputé par l'Intendant.

ECLAIRCISSEMENT.

Il eſt viſible que dès que le cheminier verroit qu'il y auroit aſſés de fond pour ſes vacations, il negligeroit aiſément de faire payer une partie des amendes, ainſi il eſt à propos qu'il ſoit intereſſé à en faire le recouvrement exact.

Il y a des lieux où l'on peut au lieu de pavé faire commodément des chauſſées avec un lit de pierre ou de moellon au fonds, un lit de caillou ou petites pierres & puis deſſus un lit de gros ſable, ces chauſſées ne durent pas ſi long-tems que les pavés, mais elles font plus commodes aux chevaux & coûtent preſque la moitié moins, telle eſt celle que M. Foucaut à fait faire entre Lizieux & Caën, le pavé a une commodité, c'eſt que la nuit les cavaliers & ceux qui voyagent dans des carroſſes peuvent aler deſſus ſans craindre ni de s'égarer ni de verſer ni de tomber dans des foſſez; au défaut des yeux l'oreille les conduit, & il me ſemble que tout les grands chemins devroient être pavez & que dans chaque Election il devroit tous les ans ſe faire quelque bout de pavé afin qu'un jour ces chemins ſe trouvaſſent peu à peu tous pavez.

TITRE NEUVIEME.

Devoir des Charetiers.

I.

Les charetiers & autres voituriers ne pourront ateler plus de quatre chevaux ou quatre bœufs, & deux chevaux ſur leurs charettes & autres voitures depuis le pre-

mier Novembre jufqu'au premier de May à peine de cent
livres moitié au denonciateur moitié à la caiffe des reparations des chemins

II.

Les bandes de fer de leurs roües feront toutes dans fix
mois auffi larges que le plus epais des jantes de leurs
roües, ordre à ceux qui les ferreront d'executer ce reglement à peine de quarante livres d'amende dont moitié à
celui qui aura arêté la voiture & denoncé au voyer, &
l'autre moitié au profit de la caiffe des chemins

ECLAIRCISSEMENT.

On a vû que parce que a l'entrée de Caën un tonneau
de Cidre de huit cents pots ou qulnze cents pintes ne
ne payoit pas plus qu'un tonneau ordinaire de cinq cents
faize pots du poids de deux mille livres, les charetiers en
aportoient qui tenoient jufqu'à neuf cents pots & qui pe-
foient plus de 3400. liv. & comme on les charie dans le
mois de Novembre & de Decembre, les chemins font
tous rompus & pleins d'ornieres épouventables il eft évident qu'une reparation qui feroit fufifante pour durer
quatre ou cinq ans, fi les charettes ne portoient que deux
mille livres ne durera pas la moitié d'un Hyver, fi les
charettes font chargées de trois mille & de trois mille
cinq cents.

Une autre malverfation, c'eft que les charetiers pour
s'épargner trente ou quarante fous de fer pour la ferrure
de leurs roües font cette ferrure fi étroite que leurs charettes mediocrement chargées coupent la terre, & enfon-
cent dans le chemin deux ou trois pouces plus qu'elles ne
feroient fi elle étoit auffi large que la jante eft épaiffe par
l'endroit le plus épais, & voila une feconde caufe des profondes ornieres qui rendent les chemins impraticables;

or cette petite épargne n'eſt pas comparable à la perte qu'elle cauſe, & d'ailleurs leurs jantes étant par tout également épaiſſes en dureront bien davantage.

TITRE DIXIEME.

Devoir de l'Intendant.

I.

L'Intendant ne poura employer le voyer ni le cheminier plus de ſix ans dans le même département, & s'il y a des endroits des chemins non reparés il deſtitüera les Oficiers negligens. En cas de maladie du voyer ou du cheminier il ſubſtituëra.

II.

Lorſquele bordier aura déclos ſufiſamment & à propos & qu'il aura evité ainſi l'amende ſi nonobſtant la décloture le chemin ſe trouve encore dans la ſuite mauvais l'Intendant le fera reparer ſur le fond des amendes & s'il ne ſufit pas il fera un rejet du ſurplus ſur l'Election.

III.

L'Intendant taxera tous les trois mois les vacations & frais du voyer & du cheminier du quartier precedent & arêtera l'etat des amendes payées, & l'etat des amendes non payées, & pourra diferer le payement des vacations du cheminier juſqu'au recouvrement total des amendes.

ECLAIRCISSEMENT.

Quand on fera reflexion ſur la nature des hommes on conviendra aiſément 1. qu'ils ont beſoin d'être relevés de tems en tems par de nouveaux oficiers, l'habitude amene l'aſſoupiſſement & la langueur, 2°. l'on ſe pique naturellement de rencherir fur fon predeceffeur ; il eft donc à propos de metre à profit le reffort de l'émulation, & puis les bons Oficiers pouront être employez ailleurs.

Il eft bon que le voyer & le cheminier craignent les plaintes des marchands & des voituriers qui en feront très naturellement leur raport à l'Intendant, quand il feront interrogés feparément & fans témoins, c'eft un reffort de plus qui ajoûte aux autres refforts fans leur rien ôter de leurs propres forces.

On pourra demander dans trois ou quatre ans aux Intendans leur avis fur les chofes qu'il jugeront à propos d'ajoûter ou de retrancher à l'Edit pour le perfectioner avec les raifons des additions & des retranchemens qu'ils propoferont.

Supofé qu'il fe forme un jour un reglement fur les chemins, je croi qu'il feroit utile de l'envoyer dans l'Autone aux Intendans des Provinces pour le faire publier dans toutes les Parroiffes, afin que dans l'Hyver fuivant chacun puiffe examiner les travaux qu'il a à faire l'Eté fuivant, afin de ne pas tomber dans le fecond Hyver fuivant dans les cas des amendes.

Je ne parle point ici de la maniere d'impofer les fix deniers pour livre de ce qui fe paye au Roi dans chaque Election, cela fe peut faire ou par ce reglement ou par une declaration feparée fur les avis des Intendans, mais il y a une confideration importante à faire; c'eft que fi chaque Election n'entretient pas *fufifament* les ponts & les chauffées, inutilement on feroit travailler les particuliers chacun *en droit foi*, un pont ruiné, cinq ou fix perches de chemin impraticable, empêchent tout commerce comme s'il y en avoit mille perches, il faut que l'Election & les

bordiers contribuent en même tems, autrement le Commerce ne profiteroit pas de la dépenſe des Particuliers.

I. OBJECTION.

L'utilité de la reparation des chemins eſt aſſez évidente, ſans qu'il ſoit beſoin de s'amuſer à la prouver fort
au long, comme a fait l'Auteur du memoire.

REPONSE.

1°. Ce n'eſt pas l'utilité en general de la reparation
des chemins que je prétens montrer, c'eſt le degré de
cette utilité que j'ai pretendu éclaircir, c'eſt la grandeur
de la perte que cauſe continuellement à l'Etat la negligen-
ce des chemins que j'ai voulu ſuputer, pour la commodité de ceux qui ſont prepoſez aux afaires publi-
ques. Il eſt à propos de leur bien metre devant les yeux
& avec la plus grande preciſion que l'on peut, le degré
d'utilité du reglement qu'on leur propoſe, afin qu'entre
les divers reglemens qu'ils peuvent propoſer au Conſeil
ils puiſſent plus facilement & plus ſurement choiſir les
plus importans & les plus preſſés, ainſi je ne ſaurois croire
le tems que j'ai mis à montrer le degré d'importance des
chemins commodes ſoit un tems mal employé.

2°. Quand il eſt queſtion de remedier à un mal jour-
nalier, il ſe trouve ordinairement quantité d'obſtacles
qui rebutent bien-tôt les Miniſtres & les Magiſtrats qui
cherchent le remede eux-mêmes, ou qui veulent metre
en pratique celui qu'on leur propoſe, il n'y a qu'une ſeule choſe qui puiſſe les ſoutenir dans leurs entrepriſes, c'eſt
d'avoir preſente à l'eſprit toute l'importance du ſuccez

fans cela ou bien les obftacles que l'on prevoit empêchent d'entreprendre, ou bien ceux qu'on n'a pas prevûs rebutent bien-tôt ceux qui ont entrepris.

3°. Si les anciens Miniftres qui ont quelquefois detourné les fonds deftinez pour l'entretien & pour la reparation des chemins, *des Ponts & des Chauffées*, avoient
pû voir clairement que cet argent devoit produire huit
cens pour cent par an, & que par confequent detourner
ces fonds, c'étoit prendre a intereft, a condition de charger l'Etat de payer au bout de l'an huit millions pour un
million, ils n'auroient jamais été tentès de faire un em-
prunt fi ruineux, & loin d'avoir detourné ces fonds, ils
auroient plutôt fait leurs efforts pour les augmenter;
il étoit donc tres important de bien éclaircir le degré
d'importance de la matiere.

II. OBJECTION.

Pourquoi prendre pour reparer les chemins une autre
voye que celle des Intendans ? Pourquoi créer de nouveaux oficiers ?

REPONSE.

1°. Je ne croi pas qu'il faille prendre une autre voye
que celle des Intendans, mais comme ils n'ont pas le loifir de vaquer aux details infinis qui font cependant neceffaires pour tenir toutes les parties de tous les chemins
en bon état que faisje autre chofe en prouvant la neceffité de créer de nouveaux oficiers fubalternes, que de procurer aux Intendans mêmes les moyens fans lefquels il ne
fauroient venir à bout d'un ouvrage fi important.

2°

2°. On a vû beaucoup d'Intendans habiles, laborieux afectionés au bien public, cependant l'experience du mauvais état de la plus grande partie des grands & des petits chemins montre assés que tant qu'ils ne seront point secourus par sept ou huit hommes par Election, le mal loin de se guerir ne fera qu'enpirer tous les jours.

3. Qu'on me montre qu'on peut se passer à moins d'oficiers, que l'on trouve un moyen de les entretenir à moindres frais & d'une maniere moins onereuse à chaque Province, qu'on nous decouvre des moyens plus propres pour les interesser *sufisamment* & continuellement à bien faire leur devoir, que l'on nous indique des articles plus convenables pour leur doner d'un côté assés d'autorité pour faire executer le reglement, & de l'autre assés de crainte de faire la moindre vexation a aucun des sujets. Je ne propose mes vûës qu'afin d'exciter les autres a nous en donner de meilleures.

III. OBJECTION.

Il y a deux manieres de remedier à la perte continuelle causée à chaque Province par les mauvais chemins l'une c'est de lever sur toute la Province dequoi les faire réparer, de faire les adjudications des travaux & d'en faire les procés verbaux de parfait, c'est celle que l'on suit, l'autre seroit de suivre celle que propose l'auteur, mais pourquoi changer de methode? Pourquoi charger chaque bordier de réparer devant son heritage? Ne sufit-il pas qu'il paye dequoi faire reparer & que l'Intendant fasse les marchés comme à l'ordinaire.

REPONSE.

Il y a deux fortes d'ouvrages à diftinguer, l'un qui doit être à la charge de l'Election ou de la Generalité, ce font les Ponts & les Chauffées, les pavés dans des lieux marécageux pour cette forte de travail, il n'y a rien ou prefque rien à innover, finon que les voyers & les cheminiers en feroient plus facilement, plus promtement, plus fidellement & a moindres frais, les devis ou memoires de ce qu'il faudroit faire; que ceux qu'on y a employez jufqu'ici Il faudroit toûjours pour ces fortes de travaux des levées de deniers, des publications, des ajudications, des procés verbaux de parfait, cela ne regarde point les particuliers, ils ne doivent en cela être chargés d'autre foin que de contribuer leur cotte part.

Mais il y a une autre forte de travail qui eft celui que chacun doit au public vis-à-vis de fon heritage, celui la pourroit auffi être laiffé à l'Intendant & mis au nombre des travaux des adjudicataires, mais il n'eft pas dificile de voir qu'il y a bien plus d'avantage & bien moins d'inconveniens a en charger chaque bordier qu'a en char ger chaque adjudicataire, 1°. Les ouvriers étrangers coûteront plus que les ouvriers des lieux, 2°. L'Intendant ne pourroit jamais avoir affés de loifir pour faire toutes les petites adjudications particulieres qui feroient neceffaires ou s'il vouloit comprendre dans un même marché un grand nombre de travaux diferens, les adjudicataires pouroient bien plus facilement le tromper, 3°. En ce cas les intelligences entre les fecretaires des Intendans & les adjudicataires feroient beaucoup plus faciles a pratiquer, & plus dificiles a découvrir, ainfi ou les chemins feroient mal

entretenus, ou la Province payeroit deux fois plus pour
cet entretien qu'il ne lui en couteroit si chacun faisoit
sa besogne , 4°. Enfin il est visible par l'experience que
les choses ne peuvent gueres aler plus mal qu'elles vont
pour cet article , ainsi c'est une necessité d'y aporter quelque changement ; or que l'on nous montre quelques
moyens plus faciles , plus eficaces , plus durables que ceux
que j'ai indiqués dans la creation & dans la fonction de
neuf ou dix oficiers subalternes par Election.

IV. OBJECTION.

Le peuple est deja surchargé & vous proposez encore
une nouvelle charge, & un nouveau subside.

REPONSE.

1°. Ce n'est point un subside qui ne raporte à celui qui
le paye que la seureté de l'Etat , c'est une avance qui ra-
portera huit pour un, les proprietaires ont beau être chargez de dettes & d'impositions, il n'y en a aucun qui ne se
resolût volontiers à se retrencher encore un Ecu pour avoir
huit Ecus au bout de l'année, une pistole pour avoir huit
pistoles; c'est que le profit serviroit à payer avec plus de facilité leurs subsides & leurs autres dettes. Or nous avons
montré que l'Etat profiteroit de huit cens pour cent : &
qu'est-ce que l'Etat sinon l'assemblage de tous les Citoyens
qui le composent ?

2°. Le Vigneron quoi qu'acablé de creanciers ne regarde t-il pas comme sa premiere dettte , l'avance & la
dépense qu'il est obligé de faire pour labourer sa vigne ,
pour acheter du fumier, des échalas, des futailles : c'est

que cette avance doit lui produire une fomme avec là-
quelle il fe rembourfera de toutes fes avances, il fera fub-
fifter fa famille toute l'année , & payera fes creanciers.
Or année commune peut-il conter que cent frans qu'il
employe à cette avance, lui raportent en tout plus de deux
cent francs, c'eft-à-dire cent pour cent de profit au lieu
que pour vingt fous qu'il avancera pour fa cotte-part de
la reparation des chemins , le commerce du vin & des
autres denrées fera plus facile & plus grand, il fe tranf-
portera plus loin à moindres frais, le negociant & les autres acheteurs en feront plus riches, la confommation en
fera plus grande , ainfi ce Vigneron vendra fes quatre
muids de vin plus promptement , plus commodément ;
chaque muid fera vendu quarante fous de plus, c'eft huit
livres de profit qu'il fera fur fes quatre muids, & qu'il
n'auroit point fait, fi lui & fes voifins & les autres Sujets du Roy avoient tous laiffé les chemins impràticables
pendant plufieurs mois de l'année, & fi lui en particulier n'avoit pas employé fes deux ou trois journées où fes
vingt fous a racommoder fon chemin,

Il eft vrai que le Vigneron n'a pas affez de conoiffance ni de ce que peut le grand commerce pour augmenter fon revenu en augmentant celui des autres, ni de ce
que peut la facilité des chemins pour augmenter le commerce ; mais la chofe n'en eft pas moins vraye, le profit
n'en eft pas moins réel, il fufit que le fouverain, il fufit
que fon Miniftre en ait une pleine conoiffance pour obliger *malgré lui* le Vigneron a faire cette avance de vingt
fous qu'il doit au Public pour reparer le chemin dont il
eft bordier, tandis que tous les autres bordiers s'aquite-
ront comme lui de ce qu'ils doivent & feront pareilles
avances pour reparer tous les chemins du Royaume

& a l'égard de la taxe par Election pour les Ponts &
Chauffées c'eft un des devoirs des fouverains de forcer quelquesfois l'ignorant & l'infenfé à payer *malgré lui* des fubfi-
des neceffaires, foit pour fa confervation, foit pour fon
bonheur & a obferver malgré fes murmures des reglemens
falutaires.

3°. Les Manufactures qui font des établiffemens fi utiles aux Etats, ne demandent-elles pas de même des avances ? Or raportent-elles plus de cent pour cent en un an
au lieu que l'avance annuelle pour la reparation des chemins raporteroit annuellement huit cens pour cent ; mais
quand elle ne raporteroit que trois cens pour cent ou
trouver une avance qui produife fans aucun peril un plus
gros intereft que celle-cy pour tous les intereffez.

V. OBJECTION.

Vôtre Memoire a beau eftre utile m'a t-on écrit, il ne
feta point lû par ceux qui feuls ont l'autorité de le rendre utile au Public, il n'eft pas trop long par raport à
tout ce qu'il falloit éclaircir, mais il fe trouvera trop long
pour les Miniftres qui font fi occupez des affaires journa-
lieres, ordinaires & preffées, qu'ils ne peuvent pas trouver le loifir de lire un Memoire de deux heures de lecture fur une affaire extraordinaire qui n'a rien de preffé,
bien loin de doner le tems qui feroit neceffaire pour l'e-
xaminer à fonds.

Si on leur donne des Memoires fort courts ponr les
inviter à les lire, ils les trouveront pleins d'obfcurirez &
de dificultez qui les rebutent ; fi lon leur donne des Memoires affez amples où l'on éclaircit toutes les dificultez,
ils les trouveront trop longs pour fe refoudre à les enta-

mer ; cependant qne ſervent les bons Memoires dont les Miniſtres ne ſauroient faire uſage.

La plûpart en voyant dans un Memoire quelque choſe de défectueux ou qui n'eſt pas encore aſſez bien digeré, ne ſauroient ſe reſoudre a le rectifier eux-mêmes & a trier ce qu'il y a de bon ; ils n'ont nul intereſt à faire valoir l'ouvrage d'un autre ; ils aiment bien mieux le rejeter tout entier que de faire ce triage, encore s'ils vouloient ſe doner la peine de faire mettre par écrit les dificultez qui les arêtent, l'Auteur qui a aprofondi la matiere pourroit ſouvent les lever trés facilement, ſur tout ſi on lui donoit quelque tems pour y penſer & pour en aporter l'éclairciſſement : mais au lieu de cela on ne lui dit que des choſes vagues qui laiſſent ſon eſprit dans l'incertitude il ne ſait préciſement quels points il faudroit qu'il éclaircît, & un grand & bon travail demeure inutile, parce qu'on ne veut pas aider l'auteur a le conduire à ſa perfection en lui diſant en detail ce qui y manque.

Il arive quelquesfois qu'un bon Memoire eſt adopté par le Miniſtre, & qu'il produit un bon reglement : mais ſouvent le Miniſtre s'en fait honeur, en diſant que de divers Memoires fort imparfaits qu'il s'eſt fait doner ſur la matiere, il en a compoſé un bon projet, exémt de tous les inconveniens des diferens auteurs, & prive ainſi le veritable inventeur ou du moins le meilleur travailleur de la recompenſe qu'il eſperoit de ſon travail : c'eſt une autre ſource de découragement pour les inventeurs & pour les meilleurs eſprits, & ce qui en a rebuté la plus grande partie, car quoi que pluſieurs d'entre eux travaillent ou puiſſent travailler par zele pour le bien de l'Etat & qu'ils puiſſent ceder ſans peine au Miniſtre la gloire qu leur apartient, il eſt pourtant vrai que la plûpart ne tra vaillent pas long-tems pour le Public avec cette ardeur qui eſt néceſſaire pour ſurmonter les grands obſtacles , s'ils ne ſont ſoûtenus dans leur travail par la conſideration d'un intereſt particulier , c'eſt-à-dire par l'eſperance de quelque recompenſe ou honorable ou utile qui ſoit proportionée a l'utilité de leur ouvrage , encore ſi par reconoiſſance on nommoit dans le reglement l'auteur du Memoire, le Secretaire d'Etat ou l'Intendant des Finances qui ont travaillé à corriger & a mettre en bon état le projet du Reglement : ce ſeroit une juſtice qui ſeule pourroit ſervir de recompenſe à leur travail , mais cela même ne ſe fera pas , quelque raiſon qu'il y eut de le faire , parce que cela ne s'eſt point encore fait. Un Miniſtre ſage craint ſouvent trop de bleſſer certains petits eſprits qui ſont ſujets les uns à crier , les autres à dire de bon mots contre tout ce qui eſt nouveau , comme ſi l'on ne pouvoit plus rien inventer de bon , comme ſi le nouveau & le mauvais étoient toûjours la même choſe.

Enfin il ſe preſente à la Cour un nombre ſi prodigieux de mauvais Memoires tous faits dans la vûë de rendre ſervice au Roi & à l'Etat que les Miniſtres acablez d'affaires preſſantes ne ſont pas fort coupables en les rebutant également tous d'en rebuter quelques uñs de bons par ce qu'ils ſe trouvent mélez & confondus avec une infinité de mauvais , & par deſſus tout cela vous venez dans le tems de la guerre où les Miniſtres n'ont loiſir d'écouter que ceux qui promettent beaucoup d'argent & promtement , tout cela enſemble m'a t on écrit ſufit pour faire croire que vôtre travail quoi que bon demeurera trés infructueux pour le Public.

R E P O N S E.

Primo il eſt trés vrai que les Miniſtres n'ont pas le loiſir ſur tout durant la Guerre d'examiner rien à fonds
de ce qui regarde la police de l'Etat , mais le pis aller
c'eſt de n'en parler qu'a la Paix. Il eſt vrai auſſi qu'au milieu de la Paix même, les plus autoriſez , c'eſt-à-dire ,
ceux de qui dépend le ſuccez d'un bon Reglement, n'ont
pas aſſez de loiſir pour en examiner a fonds l'importance & les moyens & c'eſt ce qui m'a fait penſer que dans
chaque Etat il devroit y avoir *le Conſeil de l'examen des
Memoires*, compoſé de diférens Bureaux ſelon les dife-
rentes matieres. J'ai déja ſur cela ébauché un Memoire,
& peut-être qu'un jour je le donerai à lire : J'y montre
l'importance & même la neceſlité de ce Conſeil, qui ne
ſeroit qu'une augmentation de la Chambre du Commerce, & j'y fais quelques reflexions ſur les choſes que l'on
pourroit obſerver en l'établiſſant pour en tirer tous les
avantages que l'on peut s'en promettre : mais aprés tout
la Paix viendra & les Miniſtres auront plus de loiſir de
penſer à ce qui regarde l'interieur de l'Etat.
2º. J'eſpere qu'avec le ſecours des conoiſſeurs, je pour-
rai parvenir à perfectioner ce Memoire au poinct qu'il
meritera d'être lû par le Miniſtre, qu'il pourra l'envoyer
à la Chambre du Commerce & aux Intendans afin qu'ils
forment dans ſix mois leur avis ſur ce qu'ils croiront qu'on
pourroit ou ajoûter ou retrancher au projet, aprés avoir
conſulté les perſonnes de leur département les plus experi-
mentées dans cette matiere , & que le Miniſtre aprés avoir
vû les differens avis, en puiſſe lui-même faire le raport
au Conſeil & en former le Reglement , ainſi il ſe peut
bien

bien faire que le Memoire ne fera point confondu dans la foule des mauvais Memoires.

3º. Il peut bien ariver que dans le Reglement que l'on fera, on ne fuive point mes vûës & que le Miniftre en aura de meilleures, mais quand mon travail ne ferviroit qu'à l'obliger a examiner a fonds la matiere, à nous doner un bon Reglement & a former parmi nous un bon établiffement : pourriez vous regarder mon travail comme un travail entierement inutile, une pierre a éguifer ne coupe point elle même, mais eft - elle inutile à ceux qui veulent couper ? *Fungor vice cotis.*

4°. Qui empêche le Miniftre de renvoyer ce Memoire au Bureau du Commerce pour y être rectifié & pour en avoir l'avis dans cinq ou fix mois ? Les Chemins ne regardent-ils pas le commerce ? Et quand il fera éclairci & fufifamment autorifé par tous ces differens avis, qui l'empêchera d'en faire le raport au Confeil, & d'en former un Reglement fi defiré & fi defirable.

CONCLUSION.

Au refte fi j'ai trouvé les moyens propres pour remédier aux grandes incommoditez que foufrent tous les jours mes Concitoyens dans les mauvais Chemins ; fi ces moyens pouvoient faire ceffer cette prodigieufe perte que le Royaume fait tous les ans par la grande diminution du Commerce pendant les Hyvers. Si cet ouvrage devenoit le canevas d'un bon Reglement, d'un bon établiffement : fi cet établiffement procuroit au Roi & au Royaume un profit de foixante & trois millions par an pour neuf mille lions d'avance. Il feroit vrai qu'un fimple particulier quand

il a été aſſez heureux pour rencontret une bonne vûë &
qu'il a été aſſez conſtant pour la ſuivre vivement & long-
tems , peut par un bon Memoire rendre à ſon Souve-
rain & à ſa Patrie un ſervice plus important que ne ſeroit la conquête de pluſieurs Provinces qui ſouvent ne ſe
peut faire qu'avec de grands perils , & que l'on ne fait
jamais qu'avec une dépenſe prodigieuſe.

Ainſi on peut dire d'un côté que c'eſt ce qui devroit
inviter les grands genies de chaque Etat à travailler a
en perfectioner les Reglemens , & de l'autre que c'eſt ce
qui devroit porter les Princes a tacher de mettre en euvre par des recompenſes proportionées , le loiſir de ces
eſprits ſuperieurs tant pour le bonheur de leurs ſujets que
pour leur propre avantage.

AVERTISSEMENT.

JE finiſſois de mettre la premiere main à ce Memoire
lors qu'il m'eſt venu dans l'eſprit un projet d'établiſſement, qui par ſa grande beauté m'a frapé d'étonnement. Il
a atiré depuis quinze jours toute mon atention, & je me
ſens d'autant plus d'inclination a l'aprofondir, que plus je
le conſidere & par diferens côtez ; plus je le trouve
avantageux aux Souverains. C'eſt l'établiſſement *d'un ar-*
bitrage permanent entre eux pour terminer ſans guerre *leurs*
diferents futurs , & pour entretenir ainſi un Commerce perpe-
tuel entre toutes les Nattions.

Je ne ſçait ſi je me trompe : mais il me ſemble que
l'on a fondement *d'eſperer* qu'un Traité ſe ſignera quelque jour quand l'on peut en tout tems le propoſer tantôt à
l'un tantôt à l'autre des intereſſez; quand il eſt facile à
chacun d'eux de voir qu'à tout prendre ils auront beau-

coup plus grand nombre d'avantages à le figner qu'à ne le
pas figner, & quand il eſt tel que le tems ne peut que rendre ces avantages plus évidens & plus fenſibles à tout le
monde.

C'eſt cette *eſperance* qui fait que je me porte avec ardeur & avec joye, à la plus haute entrepriſe qui puiſſe
tomber dans l'eſprit humain Et aprés tout puisje eſſayer
les forces de mon eſprit ſur un ſujet plus important à la
focieté. Je ne ſai pas juſqu'ou j'irai, mais je ſai ce que di-
foit Socrate, que *l'on va bien loin quand on a le courage de
marcher long-tems ſur une même ligne.* Enfin j'ai apris de Sa-
lomon que c'eſt un grand ſecourspour avancer que de bien
écouter. *Audiens ſapiens ſapientior erit.*

A Saint Pierre Egliſe
10. Janvier 1708.